「子育て支援が親をダメにする」なんて言わせない

「子育て支援が親をダメにする」なんて言わせない

大日向雅美

岩波書店

はじめに

「子育て支援が親をダメにする」なんて言わせない!! なんと大上段に構えたタイトルと思われるかもしれません。しかし、この言葉は、子育て支援を疑問視する人々に向けて言っているのではありません。東京港区の子育てひろば〈あい・ぽーと〉の施設長になってほぼ一年半、この間、私が自分自身に向けて言い聞かせてきた言葉なのです。

私は長年、育児に不安やストレスをためて苦しんでいる母親たちの声を聞き、支援の必要性を訴えてきました。母親が子どもを愛して育てる大切さは、私自身も母親のひとりとして、身に沁みて経験してきたところです。しかし、手間隙のかかる乳飲み子の世話を一身に引き受けなければならない生活は、大きな負担を強いられます。「母親なのだから、育児をがんばって」と叱咤激励を受けても、けっして解決を期待することのできない厳しい環境なのです。

だれもが子育てに喜びとゆとりをもてるようになるためには、育児に携わる人が孤軍奮闘せざるを得ないような孤独な子育てから、皆で子育てを分かちあうシステムを構築することが必要です。母親ひとりが育児に専念することを強調してきた母性愛神話から解放されて、皆で子どもの育ちを見守り、支える仕組みを構築するために、子育て支援が行われる必要性があります。

子育て支援の必要性を主張してきた私にとって、〈あい・ぽーと〉は長年の研究成果を実践する夢の場です。

しかし、いざ現場に立ってみると、当然のことながら、現場特有の事情があって、理想の実現には解決しなければならない壁も高くそびえていました。

同じ目標に向かって進んでいると思っていても、一人ひとりが培ってきた考え方や経験の違いがこんなにも大きく響くことかと、戸惑うこともしばしばです。子育て支援は、親と支援者の関係はもとより、そこに集う人すべてが対等に、互いが支え、支えられる関係を大切にしていくことが基本です。会社組織のようにトップダウンで事を進めることは、本来のあり方からはずれるのですが、違いを認めつつ、目標を見失わないように力を合わせていくのは容易なことではありません。

しかし、何よりも一番の障害は、どこからともなく聞こえてくるつぶやきの声、つまり「子育て支援は親をダメにするのではないか?」という危惧の声でした。子育て支援がスタートした当初からささやかれていた声ですが、世の中に子育て支援の気運が高まるにつれて、この声が支援を懸念する一部の人々の主張になりつつあります。

たしかに、子育て支援の現場に立ってみると、一刀両断のもとにこうした声を切り捨てることができない複雑な事情に突き当たることが多々あります。現場は、実際に携わってみないとわからない矛盾と課題に満ちた場所です。しかし、それでもなお、「子育て支援が親をダメにすることは、ない。あってはならないのだ」という思いを強めるのも、この一年半余りの経験からです。子育て支援の現場は、それほどに怖くもあり、また面白さと魅力に満ちていることを実感しています。

本書は子育て支援のあるべき姿を書いて、支援者を指導しようというものではありません。子育て支援の必要性を疑う一部の人々の声を認めかける気持ちが一瞬、胸をよぎることがありますが、「そんなことを言ってはならない。今こそ真に親子のためになる支援が必要なのだ」と、自分自身を戒め、励ました日々を綴ったものです。あたかもブームと化した感もある、子育て支援花盛りの昨今ですが、一過性に終わり、ブームが去った後、親子がさらに苦しい状況に追いつめられることのないように、子育て支援の原点をしっかりと見つめ直しておきたいという願いがあるからです。

各地で子育て支援の現場に立っている方々が、こんな私の思いにご自身の思いを重ね合わせて読んでくだされば、とてもうれしく思います。課題山積であっても、みんなで英知を集め、互いに反省し、改善を図っていくとともに、少しでも日々の活動の励ましとしていただければ、私のよろこびはこれ以上のものはありません。

目　次

装画　１００％オレンジ
装丁　後藤葉子

第Ⅰ部　子育て支援はだれのため？　なんのため？

1　だれが言うのか？「子育て支援は親をダメにする」

子育て支援はいま

ここ数年、子育て支援が社会全体の関心事となっています。急速に進む少子化への危機感、そして、乳幼児に対する虐待事件の急増が背景にあることは言うまでもありません。各地で、子育て支援関連のフォーラムやシンポジウムが開催されています。また、育児中の母親や育児の一番大変な時期が一段落した女性たちが、地域社会でさまざまなサークル活動や支援活動に動きはじめていますし、子育て支援を目標に掲げた民間団体やＮＰＯも数多く誕生しています。行政府が少子化対策に力を注いでいることも、特筆すべき動向と言えましょう。

そうしたなか、二〇〇四年も押しせまった一二月に入って、国の少子化対策に関する二つの大きな動きがみられました。

一つは、政府が初めての『少子化社会白書』をまとめたことです。この白書刊行は、二〇〇三年九月に施行された「少子化社会対策基本法」に、少子化の状況や政府の取り組みを毎年、報告書としてまとめることが定められたことを受けたものです。白書には、少子化の原因として、①仕事と子育てを両立できる環境整備がおくれていること、②男女ともに高学歴化して、晩婚化、未婚化を招いていること、③結婚や子どもの存在に関する価値観が変化していること、④子育てに対する負担感が増大していること、等が指摘されています。

そして、もう一つは、少子化対策の具体的な実施計画を示す「新新エンゼルプラン」が「子ども・子育て応援プラン」という名称で決定されたことです。二〇〇五年度から五年間に政府が取り組む少子化対策の方針を打ち出したこのプランの内容は、それ以前の「新エンゼルプラン」(二〇〇〇〜〇四年度)が保育支援中心の施策に偏っていたのに対して、企業や地域など、広く社会全体の取り組みに重点を移していることに大きな特徴があります。

こうした一連の動向は、急速な少子化が近い将来の労働力人口の減少や社会保障費の負担増を招くという危機感に基づいたものですが、安心して出産や子育てができるような施策を、社会全体で積極的に推進していく必要性を前面に打ち出しています。少子化の進行に対処するため、子育て支援は日本社会が取り組むべき最重要課題に位置づけられたと言っても過言ではありません。

子育て支援を振り返ってみれば

安心して子どもを産み、育てられる社会をめざそうという気運のきっかけが少子化対策にあるとしても、行政府をはじめ、社会全体が諸手を上げて子育て支援に取り組もうとしていることに、隔世の感を否めません。

振り返ってみれば、母親が子育ての負担感に苦悩する現象は、今はじまったわけではありません。私が母親たちの苦悩の深さに気づかされたのは、実母による子捨て・子殺し事件が相次ぎ、「コイン・ロッカーベビー事件」として社会現象となった一九七〇年代の初めでした。「お腹を痛めたわが子を愛せないばかりか、殺害したり育児放棄に走ったりするとは、なんたることか！」「育児に悩んだり苦しんだりする女性は母性喪失の女であり、鬼のような母である」という言葉が、新聞、雑誌等に飛び交い、識者の論調も母親批判一色でした。

たしかにわが子を殺害したり、子育てを放棄したりすることは、あってはならないことです。しかし、なぜそうした行動に追いつめられていくのか、母親たちがおかれている生活実態を精査することなく、「育児に困難をきたすのは、本来、備えているはずの育児の適性を発揮できない、異常な女性たちだ」と、ただ母親を批判して、母性崩壊を嘆くのが当時の一般的な傾向でした。

そうしたなかで私は育児中の女性を対象にアンケート調査や全国をまわって聴き取り調査を繰

り返しました。母親たちの声にじっくりと耳を傾けていくうちに、表面的には楽しそうに、健気に子育てに励んでいても、実は育児の負担感に苦しみ、ときとしてわが子を可愛く思えないことに悩み、罪悪感を募らせている人が少なくないことが浮き彫りになりました(佐々木保行・大日向雅美ほか『育児ノイローゼ』有斐閣、一九八二年、大日向雅美『母性の研究』川島書店、一九八八年)。

一つまちがえば、自分もコインロッカーベビー事件の加害者になってしまうかもしれないという恐怖におびえる母親たちの声に接して、「女性はだれしも育児の適性を生来的に備えているのであるから、子育てを喜びとするはずだ」という従来の母性観が、実態とかけ離れたものであることを痛感せざるを得ませんでした。

それ以来私は、育児の責務をひとりで担い、孤軍奮闘せざるを得ないような子育て(「孤育て」)から母親が解放され、皆で子どもの育ちを見守り、支える仕組みの必要性が社会的に認知されることを願って、従来の母性愛神話からの解放を訴えてきました。それは換言すれば、子育て支援の必要性に他なりません。

しかし当時は、人々の多くが母性愛の絶対性を信奉して疑わなかった時代でした。母親が育児に悩んだり、育児をつらく思ったりすること自体がありえないことであり、仮にあったとしても、ごく少数の異常な女性だとみなされていました。従来の母性観を信じてやまない人々に対して、母親ひとりの子育てがどんなに無理の多いことかを、いくら実証的なデータをもって示しても、なかなか理解をしてもらえず、私の主張は異説として、退けられることの多い月日を重ねてきました。

こうした風潮に変化の兆しがみえはじめたのは、日本列島が少子化社会到来の危機感に揺れた一九九〇年の一・五七ショックでした。一・五七とは前年の一九八九年の合計特殊出生率を示す数字ですが、かつて丙午《ひのえうま》の迷信から人工的なバースコントロールが図られて、一時的に合計特殊出生率が一・五八へと低下した一九六六年よりも、さらに〇・一低い数値を記録したことから、人々の少子化に対する危機感がはじまったのです。

以来、政府は「エンゼルプラン」にはじまった少子化対策を、「新エンゼルプラン」、「少子化対策プラスワン」、「次世代育成支援対策推進法」へと展開させ、さらにいっそうの効果をねらって、「少子化社会対策基本法」の策定、「少子化社会対策大綱」、「子ども・子育て応援プラン（新新エンゼルプラン）」の展開へと至ったのです。

こうした施策が次々と打ち出されたのに呼応して、各地では子育て支援の活動が盛んになっていきました。

これまでの少子化対策の流れ(平成16年版『少子化社会白書』を元に作成)

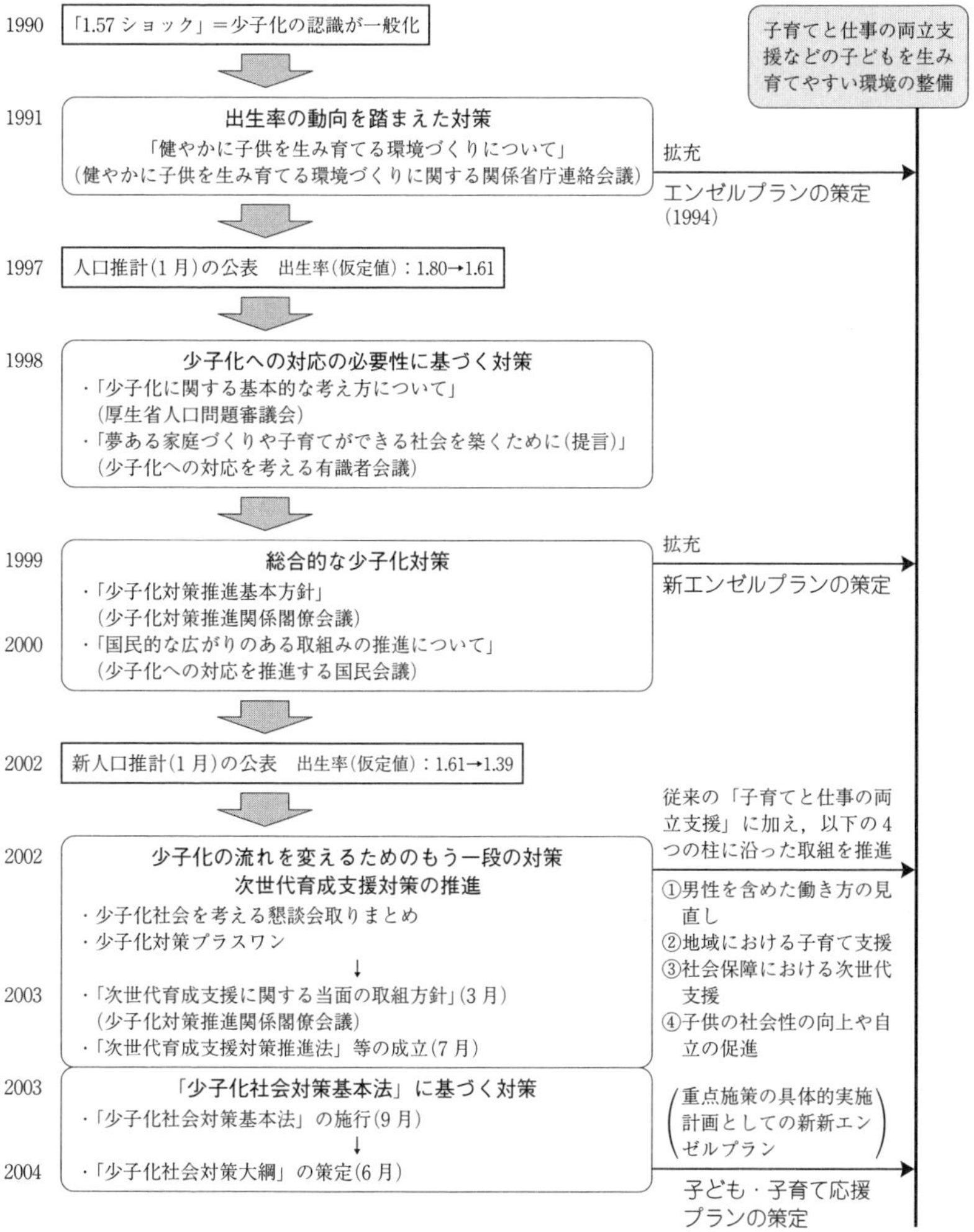
1990
「1.57ショック」＝少子化の認識が一般化
子育てと仕事の両立支援などの子どもを生み育てやすい環境の整備
1991
出生率の動向を踏まえた対策
「健やかに子供を生み育てる環境づくりについて」
(健やかに子供を生み育てる環境づくりに関する関係省庁連絡会議)
拡充
エンゼルプランの策定(1994)
1997
人口推計(1月)の公表　出生率(仮定値)：1.80→1.61
1998
少子化への対応の必要性に基づく対策
・「少子化に関する基本的な考え方について」(厚生省人口問題審議会)
・「夢ある家庭づくりや子育てができる社会を築くために(提言)」(少子化への対応を考える有識者会議)
1999
総合的な少子化対策
・「少子化対策推進基本方針」(少子化対策推進関係閣僚会議)
2000
・「国民的な広がりのある取組みの推進について」(少子化への対応を推進する国民会議)
拡充
新エンゼルプランの策定
2002
新人口推計(1月)の公表　出生率(仮定値)：1.61→1.39
2002
少子化の流れを変えるためのもう一段の対策
次世代育成支援対策の推進
・少子化社会を考える懇談会取りまとめ
・少子化対策プラスワン
2003
・「次世代育成支援に関する当面の取組方針」(3月)(少子化対策推進関係閣僚会議)
・「次世代育成支援対策推進法」等の成立(7月)
従来の「子育てと仕事の両立支援」に加え，以下の4つの柱に沿った取組を推進
①男性を含めた働き方の見直し
②地域における子育て支援
③社会保障における次世代支援
④子供の社会性の向上や自立の促進
2003
「少子化社会対策基本法」に基づく対策
・「少子化社会対策基本法」の施行(9月)
2004
・「少子化社会対策大綱」の策定(6月)
(重点施策の具体的実施計画としての新新エンゼルプラン)
子ども・子育て応援プランの策定

子育て支援ブームのなかで、ささやかれはじめた言葉

子育てが社会全体の関心事となって、子育て支援の熱気が強まっている一方で、その必要性や効果に対する疑問の声や戸惑いの声が、多方面から聞かれるようになりました。

それは、おおよそ次の二つのタイプに分けられるように思います。

第一は、いくら子育て支援をしても、いっこうに少子化傾向に歯止めがかからないことに苛立つ人々から発せられる疑問の声です。「こんなに子育て支援をしても、いっこうに出生率は上がらないではないか？　何か根本が違っているのではないか？」「子育て支援、子育て支援と言うが、問題は女性が子どもを産まなくなったからである。戦後、高学歴化とか社会参加とかに関心がいきすぎて、女性として一番大事なことをおろそかにしているからであり、その点をどう正すかが、今、一番大事なことだ」「昔は貧乏人の子沢山というたとえもあったが、親は自分のぜいたくや楽しみは二の次にしてでも、子どもを産み、子育てを喜びとしてきた。戦後の個人主義や女性の教育のあり方を根本から見直すことなく、子育て支援はいくらやっても無意味である」等々と主張する人が少なくありません。

第二は、地域で実際に子育て支援活動に携わっている人々から発せられる疑問の声です。子育て支援の必要性は十分に理解している人、あるいは自分自身が子育てに苦労した経験をもつから

こそ、若い母親を支援したい――そういう思いで支援に骨身を惜しまずに活動している人々が、ふと「こんな親まで支援をしなくてはいけないのか?」という言葉をもらしはじめているのです。「育児はたしかに大変だし、親が少しでも楽になればと願って支援をしているけれど、最近の親は、我慢をすることをしなさすぎるのではないか?」「自分の都合ばかりを優先する自己中心的な親がいて、そういう親のニーズや都合に応えていて、はたしてよいものか?」「支援はかえって親を甘やかすことになるのではないか?」「勝手な親が増えていて、子どもがかわいそうでならない」「支援は何よりも子どものためにすべきであり、親を支援するのは二の次にすべきではないか?」と悩んでいるのです。また「子育てや子どものことを知らないのにも程がある」「昔は、こんな支援はなかったが、母親たちは懸命に子育てをしてきた。今のお母さんたちには、もっとしっかりしてほしい」と嘆く人も少なくありません。

子育て支援をバブルに終わらせないために

子育て支援ブームの一方で、こうした支援の意義そのものを疑うような声がささやかれはじめていることに、焦りと複雑な思いを禁じえません。ようやく緒《ちょ》に就いたばかりの子育て支援が、一時のブームに終わってしまいかねないという心配にかられるからです。

子育て支援をバブルに終わらせないためには、原点に立ち戻って、いろいろな疑問を克服していくことが大切です。とくに子育て支援を危惧する前述の二つのタイプの声は、支援の方向を誤まらせ、親を追いつめる結果を招くのではないかと心配されます。いずれも親が、とくに女性が子どもを産み・育てる意義をもっと自覚し、子育てに専念すべきだと言っている声に他ならないからです。

子育てには苦労も絶えませんが、幼い命が成長していく過程を実感できる喜びは何ものにも代えがたいものがあります。文化を伝え、未来の社会を託すという大切な使命もあります。人間らしい大切な営みであり、社会の人々が力も心もあわせて、子どもの育ちを見守ることが、子育て支援の基本なのです。子どもを産むことを躊躇したり、子育てに困難を覚えたりする人が増えているのは、たしかに残念なことですが、親や女性の心構えを批判しても、事態の好転は期待できないのではないでしょうか。むしろ、女性の人生設計のなかで、大きなロスとなっている子育ての負担の問題を改善する施策が必要なのです。

安心して子どもを産み、心豊かに子どもの成長を見守ることができるよう、子育て中の親子を支援することは無論ですが、子育てが一段落した女性も、希望すれば社会復帰できるシステムをつくることが真の子育て支援なのだと私は思います。女性にとって、出産・育児は人生の選択を狭め、社会参加への道が実質的に閉ざされていることが問題だからです。

女性はいまだに仕事か育児かの二者択一に悩まされています。子どもが生まれると、働き続けることが難しい現状があって、子育てに専念する生活を余儀なくされ、養育責任の大半が母親の肩に担わされることとなります。社会との接点を持てない生活を強いられる閉塞感にさいなまれている女性が少なくありません。一方、仕事を継続すれば、仕事と育児の両立に悩み、いずれにも充実感を味わえない苦悩も待っています。こうした女性の悩みや苦労を、社会も夫も十分に認識しているとは、到底考えられません。

ですから、仕事と子育ての両立を可能とする社会の構築が緊急です。そのために、保育所機能のいっそうの充実と職場環境の整備を図ることを今後の子育て支援の中核に据えて、子育てのロスを減らしていくことが、子育て支援に今、最も求められている点と考えます。

保育所機能充実には、多様な親の働き方に対応した保育(たとえば、保育時間や病児保育の検討など)と同時に、子どもの発達を守るために、安易な民営化に流れることなく保育の質をどう保障していくのかという観点が欠かせません。

同時に、オランダのワークシェアリングのように、子育て中は親がゆとりをもって働けるような就労環境の改善も、子育て支援の重要な課題と言えましょう。子育てや家庭生活とのバランスをもって働けるような職場環境の整備は、性別を問わず実施されていく必要があります。両立支援が女性に限定して優遇されるのであれば、結局、子育てが女性にだけ託され、働き方にも制約を受けるという状況は変わらないからです。

一方、子どもの犯罪や非行の増加と低年齢化が進むなかで、わが子が被害者や加害者になったら大変だとおびえ、子育てのリスクを回避しようとする人も増えています。犯罪や非行などが話題となるたびに、親や家庭の教育力の低下が叫ばれ、とりわけ母親のあり方が批判の対象とされているからです。母親が子育てに不安感を取り除けるよう助力することも、子育て支援の重用な要素です。家庭や親は子どもにとって大切な環境であることは言うまでもありませんが、子どもは親の力だけで育つものではありません。地域や社会のなかで、多くの人々とふれあい、いろいろな経験をして育っていくものです。社会全体で子どもを見守り、支えあう体制をつくろうという合意形成が必要でしょう。

子育て支援はけっして女性と子どもだけが対象となるものではありません。男性や企業も含めて、社会全体で支援する体制の整備が急がれているのです。こうした子育て支援のあり方の理想を実現する道は、男女共同参画の実現と軌を一にするものであることを、子育て支援の基本的な視点として進めていくことが必要なのではないかと考えます。

2 「少子化は止まらないではないか！」

それではまず、子育て支援をしても少子化には歯止めがかからないではないかと苛立つ声について考えてみましょう。最近の子育て支援策は少子化対策を契機としていますが、両者には似て非なる面があります。少子化対策に焦りすぎると、出産奨励策となり、結果的に子育て支援から遠のく危険性があるのです。

基本をはずす怖さ

二〇〇四年の秋、少子化対策を考える有識者たちのテレビ討論を聴いていたときのことです。次のようなやりとりがありました。

まず、ひとりの女性研究者の発言です。

「子育て支援として、仕事と子育てを両立するような施策が講じられているが、はたして本当に女性は働き続けることを望んでいるのだろうか？　むしろ、育児中はゆったりと子育てに向きあいたいと考えている女性が多いはずなのに、両立支援策が整備されることで、かえって働き続けなくてはならなくなっている。保育所が長時間保育をすれば、それだけ残業をさせられる。今の子育て支援の方向は、育児中の女性の意向に必ずしも沿っているとは思えない」。

この発言を受けて、経済界の代表として参加していた男性は、「企業はやるべき両立支援策はすでに十分に打ってきた。それでも少子化に歯止めがかからないのは、両立支援が子育て支援にはなりえないということではないのか？　支援の根本を見直す必要がある」と発言しました。

さらに、もうひとりの経済評論家の男性は、前述の二人の発言を引き継ぐかたちで、若者のライフスタイルの根本を見直す必要があるという提言を行いました。「今、最優先に取り組むべきことは、子育ての楽しさ、喜びを人々に周知するような広報である。若い人は学業を終えたら、働く前に結婚して、子どもを産んだほうがいい。就職は子育てが一段落した後にするというように、ライフスタイルに関する発想を大胆に変えるべきだろう」と。

それぞれの発言者の言葉の詳細は異なる部分もあろうかと思いますが、概要はここに記したとおりです。

女性研究者が言わんとした趣旨については、理解できる面もなくはありません。子育て期に仕事に追われ、ゆったりと子どもの成長を見守ることができないような現状の働き方は、ぜひとも改める必要があると私も思います。しかし、それは仕事と子育ての両立支援の必要性を否定するものではないはずです。むしろ、両者のバランスをいかに保てるかという視点から、子育て支援をさらに充実していく必要がある点を強調すべきであったと思います。この点の発言は慎重を期さないと、「女性は働くことを望んではいない」という方向に導かれやすく、後の二人の男性の発言がまさにその方向で女性研究者の発言を引き継ぐかたちとなりました。

たしかに、すべての女性が就労継続を望んでいるとは言えません。結婚し、子どもが生まれたら、専業主婦として生きたいと願っている女性も少なくありません。働くことは夫に任せて、自分は家事や趣味の生活を満喫したいと言う女性もいます。しかし、現在も含めてこれからの時代は、女性が一生専業主婦で生きられる時代ではなくなりつつあることは、年金問題をはじめとした経済問題からも明らかです。実際、子育てに専念する生活に入った女性たちの多くが、経済力も社会との接点も失った生活に直面して、強い焦燥感を覚え、それが育児ストレスや育児不安の一因となっていることは、これまで数多くの母親たちの声に接して実感しているところです。

その一方で、当初から自身のライフデザインとしてキャリアの継続を願う女性が増えていることも事実です。結婚も子育てもけっして嫌っているわけではないけれど、仕事との両立の難しさを目の当たりにして、結婚にも子育てにも踏み切れないと言う女性たちの増加が、晩婚化や未婚化となり、少子化につながっていることは、各方面で指摘されているとおりです。

時代の流れを見つめたとき、今、打つべき対策は、結婚生活や子育てと仕事とのバランスを保てるような施策なのです。「女性は必ずしも働き続けることを望んではいない」という発言は、子育て中の一時期であったり、女性の一部の志向をみてのことですが、すべての女性についてのコメントのような受け取られ方をしかねません。現に、両立支援に関して、「企業は打つべき支援策はすでに打っているのに、出生率が上がらないことからしても、求められているのは両立支援ではないのだろう」という経済界からの男性のコメントを導き出してしまいました。打つべき両立支援策が本当に打たれてきたと言えるのか、実態はほとんどなされてきていないと言わざるを得ないのではないでしょうか。

さらにこの討論は、「若者は働く前に子どもを産んで、育児をすることが望ましい」というコメントへとつながっていってしまいました。「産めよ増やせよ」の時代に逆行したかのような発言に驚かされましたが、いずれも男性有識者の発言です。少子化の原因も、対策の現状についての認識も履き違えているばかりか、子育て支援の行方を大きく誤らせるものに他ならないように思います。しかし、少子化の危機意識が深まると、こうした発言のおかしさも覆い隠されてしまうのです。

出産・育児は個人の選択

ところで、「若い人は働く前に子どもを産んで、育児をすることが望ましい」という発言は、必ずしも、このときに初めて聞く言葉ではありません。日本社会が一・五七ショックに揺れた一九九〇年にも、ほとんど同じ趣旨の発言をした閣僚がいました。

前年の一九八九年の合計特殊出生率が一・五七であったことが報じられたのは、一九九〇年六月九日でしたが、この日をはさんで政府与党が出生率向上に向けた検討会を矢継ぎ早に発足させています。そのうちの一つ、自民党役員懇談会で、低出生率対策として、「助産婦らに対する避妊薬・避妊具販売許可延長期間の短縮」がもち出されたとともに、同じ日に開催された長寿社会対策関係閣僚会議の席上で、「女性の高学歴化が出生率低下の原因である」という認識のもとに、生涯学習のあり方や大学定数の見直しを求める発言があったことが報じられています(「信濃毎日新聞」一九九〇年六月一三日、「中日新聞」六月一四日など)。

大学定数の見直しとは、女子大生の定数を減らすことを意味していました。女性は高校を卒業したら結婚し、育児に専念する生き方が奨励されるべきであり、学習は育児終了後でも十分であるという発想が、生涯学習充実への提言として行われたのです。まさに、前述のテレビ討論の席上での男性有識者の発言と同じです。

一九九〇年当時と同じ発言が今なお繰り返されていることに愕然としますが、十余年前の新聞・雑誌の記事を追ってみると、政府与党の出産奨励策を危惧する声も、一方で大きく報道されていることに気づきます。たとえば、「産めよ　増やせよ？」（天野祐吉「東京新聞」社会時評、六月一四日）、「今日の視角」（水野肇「信濃毎日新聞」七月一一日）、「生涯出産一・五七人の波紋、悪夢を思い起こす〝国民運動〟」（山下悦子「産経新聞」六月二七日）、「出産は夫婦自身が決めること」（黒田俊夫「毎日新聞」七月一四日）、「出生率の低下　読者の声　国のために産むなんてイヤ」（「読売新聞」大阪本社、七月三日）等々です。

とくに女性の声として、子どもを産まないのではなく、産めないのだとする指摘が活発に続いていたことが、今からみると印象的です。「安心して子どもを産める社会を」（加藤シヅエ「毎日新聞」六月二五日）では、現在の出生率の低下は、子育てに伴う経済的・精神的負担、女性の就労と出産・育児の両立の難しさ、住宅事情の劣悪さによるものであり、環境整備の必要性が主張されているのは、その一例です。

各紙とも一・五七関連の特集を組みましたが、そこでも女性たちが積極的に発言をしています。

たとえば「出生率一・五七を考える」(「東京新聞」一〇月八日〜一一月二六日)の連載には、「出生率は男性の問題　エネルギーが仕事に」(樋口恵子)、「女が生き方を求める過程で出てきた現象」(下重暁子)、「産ませる政策は女性の基本的人権侵害」(丸本百合子)、「男たちよ　家庭ノスタルジーを捨てよ」(ヤンソン由実子)、「子産みは女性自身の個人的、人間的問題だ」(堂本暁子)等々の見出しのもとに、産む・産まないは女性が主体的に選択すべき問題であるという点で、各論者の見解が一致しています。

さらに、各地でもシンポジウムが開催され、育児・家事、介護がもっぱら女性に託されている状況や、保育所の整備が不十分な現状、また男性の育児参加を認めない企業社会の体質等が改善されない限り、女性は子どもを産まない、産めないのだとする声が、女性たちから活発に出されていました(例――女の人権と性実行委員会主催「緊急シンポジウム　出生率低下　女たちは発言する」一九九〇年一〇月二〇日、朝日新聞社主催「人口シンポジウム　二〇二〇年の衝撃　出生率低下と変わりゆく日本社会」一九九〇年一一月一日)。

このように、合計特殊出生率一・五七をめぐって、当初、政府与党には出産奨励に走ろうとする動きがみられましたが、少子化を契機として第二次世界大戦中の人口政策に似た風潮が再来することを危惧する世論が高まり、子どもを産む・産まないは個人の選択に委ねられるべきだとする主張も強力に展開されていました。むしろ、こうした声が当時の政府の少子化に対する危機感をはるかに凌ぐほどの社会的コンセンサスとなっていたことは、「毎日新聞」が行った第二〇回「全国家族計画世論調査」の結果にもはっきりと表われていました。「出生低下　心配だけど個人の問題」（「毎日新聞」七月八日）と題した記事では、少子化について女性の七割が憂慮はしているものの、子どもを産む・産まないは個人の問題であり、国が直接出生増加の音頭をとることは反対だとする意見が八割あると報じられています。

したがって、具体的な対応策のレベルでは、少子化対策が出産奨励策となることのないよう、世論に十分に配慮した形跡が認められます。たとえば「健やかに子供を生み育てる環境づくりに関する関係省庁連絡会議」による答申（一九九一年一月）では、「結婚や子育ては、個人の生きかた、価値観に深くかかわる問題であり、政府としてはその領域に直接踏み込むことなく、あくまでも結婚や子育てへの意欲をもつ若いひとびとを支えられるような環境づくりを進める」ことが明記されているのです。

時代は逆行？

出産や育児は個人の選択の自由であり、少子化対策はそれを侵してはならないとする基本姿勢は、その後の施策においても継承されてきました。

たとえば、「少子化への対応を推進する国民会議」による「国民的な広がりのある取り組みの推進について」(二〇〇〇年四月)では、「結婚や出産は当事者の自由な選択に委ねられるべきものであり、具体的な取り組みとしては、安心して子育てができるような環境整備を進めるものであること」が、冒頭の「共通認識」の第一項目に掲げられています。ちなみに、共通認識のあと二つは、「家庭や職場、地域における固定的な性別役割分業を是正し、男女共同参画社会を実現していく必要があること」「すべての子育て家庭を社会全体で支援していく必要があること」です。

ところが、いっこうに下げ止まらない少子化に対する危機意識が強まるにつれて、個人の生きかたの自由への配慮の影がしだいに弱まってきているように思われます。

国民会議の二年後に提出された「少子化社会を考える懇談会」の「中間とりまとめ」では、「産む産まないは個人の選択」「多様な家庭の形態や生き方に配慮」という項目は、冒頭ではなく、末尾の「＊少子化社会への対応を進める際の留意点」での記載となっています。

そして、二〇〇三年六月の衆議院本会議で、また七月の参議院本会議で議決された「少子化社会対策基本法」では、明らかな方向転換が図られているのです。すなわち、その前文に「もとより、結婚や出産は個人の決定に基づくものではあるが、こうした事態に直面して、家庭や子育てに夢を持ち、かつ、次代の社会を担う子どもを安心して生み、育てる者が真に誇りと喜びを感じることができる社会を実現し、少子化の進展に歯止めをかけることが、今、我らに、強く求められている」(傍点筆者)と記されています。結婚や出産が個人の選択に委ねられるべきものであることは、一応認めつつも、少子化対策はそれを凌ぐ優先課題であるという文面になっているのです。

しかも、「こうした事態」とは、「有史以来の未曾有の事態」という文言で示されていますが、具体的には「急速な少子化の進展は、平均寿命の伸長による高齢者の増加とあいまって、我が国の人口構造にひずみを生じさせ、二十一世紀の国民生活に、深刻かつ多大な影響をもたらす」ことであるとし、「我らは、紛れもなく、有史以来の未曾有の事態に直面している」のであり、「我らに残された時間は、極めて少ない」とまで記されています。さらに、第六条では、「家庭や子育てに夢を持ち、かつ、安心して子どもを生み、育てることができる社会の実現に資するよう努める」ことが「国民の責務」と記述されています。

このように少子化社会対策基本法には、近年の少子化傾向に関して、「有史以来の未曾有の事態」「我らに残された時間は、極めて少ない」「喫緊の課題」等の言葉が散りばめられていて、出産奨励への意図が前面に出されています。しかし、少子化社会対策基本法に対する反響は、一・

五七ショック時ほどの大きな動きはみられていません。基本法一三条・2に不妊治療に係る情報の提供、不妊相談、不妊治療に係る研究に対する助成等、不妊治療を後押しする内容の項目が入れられていることに対して、不妊当事者への圧力が増すことを危惧する論評が行われましたが、全般的には急速に進む少子化に対する危機感の方が上回っているようでした。

子育ての魅力を伝える?!

一・五七ショック以来の施策が少子化対策として効果をあげていないことへの苛立ちが強まるとともに、子育て支援の意義への疑いの声も強まっています。次の文章は、「新新エンゼルプラン」策定を報じる新聞記事の一部です。

「子育て支援そのものの拡充がなされても、子どもを産み、育てる魅力が希薄になっては、効果は期待できない」(「読売新聞」二〇〇四年一二月二一日、傍点筆者)。何気なく読んでいると読み飛ばしそうな一節ですが、子育て支援の充実よりも、結婚や子育てそのものの魅力を強めることが重要だとするニュアンスが込められたメッセージであることは、この前に次のような文章があることから明らかです。「テレビやファッション雑誌などでは、〝適齢期〟を過ぎても結婚に踏み切らない男女や、結婚しても子供を持たない夫婦が、仕事や休暇を楽しむ姿が多く描かれている。

今の若い男女は、子育てに忙殺され、仕事や自由時間を楽しめないことを敬遠しているようだ」。

子育て支援は、結果的に子育ての喜びや魅力につながるものであって、両者はけっして遊離した別個のものではないことを、このメッセージは誤解しているように思われますが、この点に関しては冒頭で紹介したテレビ討論で、若者のライフスタイル転換の必要性を提案した男性有識者の発言と同様です。

こうして出生率の上昇を焦る傾向が強まるなかで、女性の人権をも侵す発言まで飛び出しています。「子どもをつくらない女性の老後を税金で面倒見るのはおかしい」という前首相の発言は、その典型例でしょう。具体的には「子どもをたくさんつくった女性を国が将来、ご苦労さんといって面倒を見るのが本来の福祉だ。ところが、子どもを一人もつくらない女性が好き勝手と言っちゃいかんけど、まさに自由を謳歌して、楽しんで、年とって、税金で面倒見なさいというのは、ホントおかしいんです」(森前首相発言「全日本私立幼稚園連合九州地区大会」二〇〇三年六月二六日)という内容であったと報じられています。さすがに、この発言に対しては、メディア等で一斉に反論が行われましたが、前首相は自民党の少子化問題調査会会長を務める方です。表現は率直にすぎたとはいえ、与党の少子化対策の論理と微妙に結びついている発言と言えましょう。

出生率がいっこうに上がらないことに苛立つあまりに、人々のライフスタイル志向に干渉する傾向が目立つこと、また、それが子育て支援として打つべき重要な施策であるかのような誤った風潮が生じていることには、首をかしげざるを得ません。

たとえば、少子化の要因として、結婚や子どもをもつことに対する国民の意識の変化があることを前提として、二〇代から四〇代の男女を対象に実施した「少子化に関する意識調査」(厚生労働省、(株)電通リサーチ委託、二〇〇四年二月〜三月実施)があります。それによると、三〇〜四〇代で独身の男女や子どものない中年の既婚者は、親孝行や恩返しを大切にするという伝統的な価値観が低いこと、または「社会が良くなってこそ個人が幸せになる」など社会に対する要求が高いとともに、個人や自分を強く意識する傾向があるという結果が得られたことを報告しています。そのうえで、こうした傾向に対処するために、「より若い時代から、子どもを生み、育てることの意義や大切さを伝える取組を推進することが必要だ」と結論しているのです。

この調査のなかで用いられている価値観に関する項目とは、「日本人であることを誇りに思う」「社会の状況が良くなってこそ、個人が幸せになると思う」「親孝行をすることは大事なことだ」「恩返しをすることは大事なことだ」「個人の権利や自由を尊重することは大事なことだ」等々の一四項目から成っているものです。国への帰属意識調査などには使われる項目ですが、少子化に関する調査で使われることに対しては疑問だとする指摘もあって、私も同感です(「朝日新聞」二〇〇四年八月一五日）。

また、国や社会に対する価値観や親孝行への思いに関する回答パーセンテージが、ライフスタイルによって差がみられたとしても、それが結婚や出産・育児をするか否かの決定因子だと考えることができるかは疑問があります。結婚して家族をもったり親になって、自分の親への感謝や恩返しの気持ちをもつことは考えられます。既婚か未婚か、あるいは子どもの有無によって、こうした価値観に違いが生じることは事実でしょう。しかし、その逆に、親への孝行や恩返しのために、結婚や子どもを産むことを考えるかというと、今の時代は少ないことでしょう。

得られた数値を考察するにあたっては、相関関係を示しているのか、それとも因果関係を示しているのかについて、両者の違いを慎重に読み解く必要があります。往々にして、結論が先にあると、単なる相関関係にすぎない結果を、因果関係であるかのように読み違えることがあります。

家族をもったり、子どもを育てる喜びを、私はけっして否定はしません。むしろ、人々がそうした経験を心豊かにもてる社会であってほしいと願っています。そのためにこそ、安心して子どもを産み、育てることに喜びを見出せるような社会づくりが必要なのであり、その方向をめざすことがまさに子育て支援ではないでしょうか。いくら子育て支援を充実させても、家族や子育ての魅力を感じない人が増えるのはいかがなものかという前述の新聞記事は、この点の関係を誤っているのではないかと述べましたが、この少子化に関する意識調査もまた同様の誤りを犯しているように思います。

また、社会の改善を望んだり、個人や自分を意識したりする傾向が、少子化をもたらすマイナス要因として考察されていることも、さらに問題と言えましょう。こうした傾向は、この調査に限らず、最近、あちこちで感じられます。

ある自治体の次世代行動計画策定のための協議会の席上でのことです。結婚や出産・育児は個人の選択として尊重されるべきであることを施策の前提に盛り込もうというとき、委員の数名から次のような発言が出されました。「そんな自由を認めてきたから、少子化になっているのではないか。子育てもしないで、楽に生きようとする自分勝手な人間が増えていることを、まず正さなくてはならない」。子育ての喜びを強調しようと提言する人に限って、こうした発言をするのですが、まるで子育ては苦役であり、義務であるというニュアンスを込めているという矛盾には気がつかないようです。

出生率の向上を焦るあまりに、人々の価値観の転換を図る方が効果的だとする発想に走ることは、一人ひとりが自分の生き方を選び、決定することを尊重する視点を欠落させかねません。子育ての喜びや魅力は、子育て支援の結果として自然についてくるものです。結婚や子育ては、こんなにすばらしいのだと、どんなに周囲に吹聴されたとしても、それを実感できない生活状況が改善されない限り、ただのイデオロギー操作にすぎないのです。そして、人々は、とくに女性はそんなイデオロギーに操作されるような段階は、とっくに卒業していることを、人々は、とくに少子化対策の担当者たちは知る必要があるのではないでしょうか。

これまでの少子化対策は、なぜ功を奏さないのか?

もっとも、このまま少子化のスピードに歯止めがかからなければ、近い将来、日本は人口減少社会となって、少なからぬ社会的・経済的影響が免れないでしょう。実効性のある対策が急務であることは言うまでもありませんが、そのために必要なことは、「子どもを産みたくない」「子育てがつらい」という人々の声に丹念に耳を傾け、その原因や対策に注力することであり、それこそが子育て支援としてなすべきことではないかと、私は考えます。

平たい言葉に言い換えれば、「子育ては損か得か」という問題を、とくに女性の視点に立って解決することなのです。なぜなら、子育ての悩みを訴える人のほとんどが女性であり、母親です。その女性たちが、「いざ子どもを産んでみると、こんなにも奪われるものが大きいとは、想像できなかった」と訴えているのです。と言っても、そういう女性たちが、必ずしも子どもをかわいく思う気持ちや子育ての意義を認める気持ちを欠いているのではありません。むしろ、十分に子どもを愛し、子育ての意義を自覚して育児に励んでいる母親が大半です。それでも、ふと自分自身の人生を考えるとき、子育てによって奪われるものがいかに大きかったかと思い当たって、愕然とするとつぶやくのです。

「結婚、子育て。こんなに変わった私の人生。何も変わらないあなたの人生」。ある自治体が募集した一行詩に応募した女性が夫に向けて綴ったメッセージです。近年の少子化の原因は、未婚化・晩婚化に加えて、既婚夫婦の出生率も低下していることが明らかにされていますが、結婚や子育てによって、女性の人生設計が大きく狂わされるという現実をまえに、女性たちは結婚を躊躇し、あるいは結婚しても、子どもを産むことを躊躇せざるを得ないのです。

二〇〇四年一二月に発表された『少子化社会白書』では、団塊世代の子どもに当たる第二次ベビーブーム世代の女性(一九七一〜七四年生まれ)や、その前後に生まれた女性が、出産期(二五〜三五歳)にさしかかる二〇一〇年までに有効な施策を打てるか否かが、出生率低下に歯止めをかけられるか否かの分かれ目であることを指摘しています。

しかし、そこに盛り込まれている提言についての評価は、けっして芳しいものではありません。「内容は各省庁がこれまで発表した分析の寄せ集めがほとんどで、新たな提言も乏しい」(「朝日新聞」二〇〇四年一二月三日夕刊)、「危機的な状況を説きながら、白書がどこかパンチに欠けるのはなぜか。女性や若者の生き方が大きく変わってきたのに、社会や経済の仕組みが対応できていないことに対する問題意識が薄いからではないか」(「読売新聞」二〇〇四年一二月四日)。

少子化に対する危機意識は強くとも、なぜパンチの効いた提言にならないのかを考えてみる必要があるでしょう。それは、なぜ女性たちが結婚や子育てに躊躇するのか、真の原因から目をそらしているからではないでしょうか。前述したように、結婚や子育ての価値や喜びを強調することで出生率の向上が図られるかのような錯覚も、また問題の根源は同じであると言えるのではないでしょうか。

Hanako世代の光と闇

それでは、今、子育て支援として何が一番必要とされているのでしょうか。白書は団塊世代の子どもたちに当たる世代の女性の動向に着目しようとしていますが、私は、むしろ、その一つ前の世代、つまり今、三〇~四〇代の女性たちの動向にヒントがあると考えています。

この世代は、一九六〇年代の生まれで、いわゆるHanako世代と呼ばれている世代です。グルメやファッション、旅行等の記事を中心とした女性向けの雑誌『Hanako』(一九八八年創刊)にちなんでつけられた呼び方ですが、未婚化、晩婚化が顕著で、少子化の担い手世代です。高度経済成長とともに成長し、熱心な教育ママのもとで高学歴を修め、青春も就職もバブル時代に送った女性たちです。卒業旅行に海外に行き、独身貴族を謳歌し、ファッションもグルメの時代もリードした華やかな女性たち。自分本位の生き方を志向し、結婚や子育ての苦労を厭うと、前述の「少子化に関する意識調査」のなかで分析されている世代なのです。

しかし、一見華やかに見えるＨａｎａｋｏ世代も、実態はけっしてそうとは言えません。この世代の女性たち約一五〇〇人を一〇年間追跡した調査(財団法人家計経済研究所「消費生活に関するパネル調査」)には、彼女たちの光と影をくっきりと見て取ることができます。

まず、Ｈａｎａｋｏ世代と言えば、就職戦線に立ったときは、バブル景気の真っ最中。その後、男女雇用機会均等法(一九八六年)や育児休業法(一九九二年)が施行され、女性が働きやすくなった時代に社会に出ていったはずです。しかし、この一〇年間、働き続けている女性は三二パーセント。しかも、一つの企業に勤務している女性は、そのうちの一五パーセントにすぎません。勤務形態もパートや派遣が増加していることが調査から明らかにされています。

こうした傾向について、女性が就労継続を望まなかったからだという指摘もあるでしょう。たしかに、女性の社会参加の気運が高まっていると言われている今日でも、若い女子学生たちの意見を聞くと、必ずしも就労継続志向ばかりではありません。とくに育児中は専業主婦になって、子育てに専念したいという希望をもつ女性は少なくありません。

しかし、専業主婦志向もさらに微妙に二つのタイプに分かれています。働くことよりも、家事や育児に専念したいと願い、子育てが一段落した後は趣味等を楽しむ生活を送りたいと願う「積極的専業主婦派」と、できれば働き続けたいけれど、仕事との両立が難しい現状をみると、自分には両立は無理だからという理由で、あるいは、子どものためを思えば、三歳までは母親が育児に専念すべきだと思うから、育児期間は仕事よりも家事・育児に専念する道を選ぶという「消極的専業主婦派」に分かれているのです。

積極的専業主婦派の女性も、しかしながら、結婚相手によほどの財力がなければ、希望のライフスタイルを通すなど不可能であることは、社会人になって程なく理解することとなるでしょう。それでも自分を専業主婦にしてくれて、しかも、今の独身時代のような生活水準を維持してくれるパートナーを選ぶとなれば、結婚相手を見出すのは難しいことでしょう。一方、消極的専業主婦派の女性は、いざ結婚して、子育てをはじめたとき、「こんなはずではなかった」というつぶやきの声をもらすのです。

母親を対象とした全国調査から

私は一九九二年に、全国の子育て中の女性約六四〇〇名を対象に育児の実態調査を行い、その後インタビューを続けてきましたが、この間聞き続けてきたのが、まさに育児生活に入ったＨａｎａｋｏ世代の声なのです（詳細は、拙著『子育てと出会うとき』ＮＨＫ出版、『子育てママのＳＯＳ』法研、『子育てがつらくなったとき読む本』ＰＨＰ研究所、をご参照ください）。

Ｈａｎａｋｏ世代は、専業主婦になった女性たちも、就労継続している女性たちも、一見、自分のライフスタイルを謳歌しているように見えますが、しかし、仕事か育児かの二者択一に悩み、いったん就労の継続を断念して子育てに専念すれば、子育ての責務を一身に担う負担感に苦しめられているのです。

子育てのつらさを口にするとしても、けっして子育てを嫌っているわけではありません。それにもかかわらず、子育てをつらく思い、わが子でも疎ましく思うことがあると訴える声を聞くと、育児に専念する女性たちの生活がいかに人間的な環境を奪われているかが明らかです。

「乳飲み子の世話に追われてホッとする時間もままならない」「トイレにひとりで入りたい」「たまにはゆっくり湯船につかってみたい」「食事のときくらい、椅子に座って食べたい」と言います。また、乳飲み子を連れた外出は制約も多く、行動範囲も限られて、話し相手にも恵まれません。片言しか話さない子どもと一日、家に閉じこもっていると失語症になりそうで、「日本語らしい会話をしたい」と訴えているのです。

さらに、育児に専念する生活は社会との接点をもちにくく、孤独な生活を強いられるという閉塞感には非常に深刻なものがあります。ひとたび職場を離れると、よほど資格や特殊技能をもっていない限り、なかなか元の職場には戻れない。他の社会的な活動をしたいと願っても、子育てのために数年間、ブランクが空いた女性の活躍の場を用意してくれている社会ではありません。こうした社会から疎外された心境を、「出口のないトンネルをさまよっているみたい」と形容する女性。なかには、マンションのベランダの柵が拘置所の鉄格子にみえると訴えた女性もいます。子育てのために仕事を辞め、自らの収入が絶たれて、リップスティック一本、自分のお金で買えない境遇に身をおいたとき、「二人目を産むことはもう考えられなかった。再就職にかけたい」と痛感したという女性の声に、今の子育て支援はどれだけ応えることができているのでしょうか？　育児雑誌の付録は、資格をとれば自宅でできる仕事や、月数日で数万という甘い言葉を散りばめたサイドビジネスの広告で埋まっていますが、母親たちはそれらを真剣な眼差しで見つめているのです。

一方、働いている母親は専業主婦のような孤独感や社会からの疎外感は少ないのですが、子育て仕事の両立をこなす綱渡りのような日々に心身ともに疲弊して、時間がない生活を余儀なくされていることでは変わりがありません。

さらに、子どもが小さいときに母親が働くことに対する周囲の批判の声にいっそう苦しめられています。「子どもにとっては母親の愛情に代わるものはない。子どもは小さいときは、母親は自分の生活を犠牲にしてでも育児に専念すべきである。母親が育児に専念しないで、保育所等に預けると、子どもは寂しさを覚えて、将来的にも心身に悪い影響を及ぼすことが多い」という、いわゆる「三歳児神話」に悩まされているのです(「三歳児神話」については、第8章をご参照ください)。

「男も女も、家庭も仕事も」に確信をもって

こうした女性の悩みや苦労に対して、男性側があまりにも無理解であるのも、女性の苦しみを倍加させている要因です。「子どもができたら、君、仕事はどうするの?」という婚約者の質問に結婚を躊躇する女性の胸中を理解する男性は少ないのではないでしょうか。夫に育児の悩みを相談しても、「育児は君に任せているから、しっかりやってくれ」と答える夫たち。親となって育児の負担を担うことについて、なぜ男性は女性と違って悩まないでいいのか。こうした疑問が

解決されない限り、女性が子どもを産み、育てることに積極的になれないというのも理解できるように思われます。

男性(夫)たちが、女性(妻)が置かれている立場になかなか理解を示せないのはなぜでしょうか。一つには職場環境の厳しさがあるでしょう。第二次大戦後の高度経済成長期以来、半世紀余りにわたって、日本の企業社会は男性に対して家庭を顧みない働き方を求めてきました。男性たちは妻子を養うために、「二四時間働けますか」という体制の滅私奉公的な働き方を余儀なくされてきたと言っても過言ではありません。とりわけここ十数年の不況下では男性の働き方はいっそう厳しさを増しています。どの企業も余剰人員を抱える余裕はなく、倒産やリストラの恐怖におびえずに働ける男性の方が、むしろ少数だと言われています。育児介護休業法はあっても、現実には取得の申請がしにくい職場が大半なのです。

妻たちも、夫の職場の状況はよく理解しています。とくに専業主婦の場合には必ずしも夫に具体的な育児参加を求めようとはしていません。それでもなお苦しむのは、育児は母親の仕事だとみなす夫の態度なのです。「育児は母親の喜びのはず」「乳飲み子の世話は母親が最適任だ」という母性観にとらわれて、子育てに孤軍奮闘する妻の労苦を理解しないことが、夫に対する苛立ちとなっているのです。育児の悩みやつらさを訴える妻の言葉に耳を傾けないばかりか、「しっかりしろ、母親ではないか」と説教する夫。育児に協力してくれないばかりか、子育ての大半をひとりで背負う大変さをねぎらうこともなく、「母親は立派に育児ができて当たり前」という母性観をかざす夫に対して、あきらめの境地に陥らざるを得ない——その結果、夫の前では良い妻、優しいママを演じ、たまったストレスのはけ口を幼い子に向けてしまうという由々しい事例も増えています。

子育てをめぐる男女の意識のギャップは、その根源をたどると「子育ては母親の仕事」と考える子育て観にあります。仕事か子育てかという二者択一的な生き方を性別によって強いている現状は、女性にとっては社会からの疎外を意味し、一方、男性にとっては育児や家庭生活からの疎外を意味します。いずれも人としてのトータルな生活を奪い、子育てを通して夫婦の礎を築くことを難しくしているのです。そして、それは単に子育ての問題に影響を及ぼしているだけではなく、男女間の就労形態の相違を生み、経済力の格差を生じる原因となっています。

この格差を埋めること、そして、それが可能となる社会づくり、「男も女も、仕事も家庭も」という生活が可能となるような働き方、暮らし方の実現に注力することこそが、真の子育て支援ではないでしょうか。

もちろん、この理念を実現に移していくためには、企業の働き方を変え、保育所をはじめとする地域の子育て支援の仕組みを充実させ、何よりも人々の心のなかに巣くっている母性愛信仰と性別役割分担意識を払拭するという、厳しい課題が山積しています。

しかし、その実現は急務であり、その方向に向けた動きができるか否かが、日本社会の行方を握っていると思います。実行はすみやかに、しかし、出生率として効果があがるまでには、数年先を見通した息の長い取り組みが不可欠です。息切れして、子育て支援無用論に陥ることだけは避けなくてはならないでしょう。

3 「こんな親まで支援をしなくてはいけないの?」

子育て支援の意義に対する疑問の声は、少子化対策に手をこまねいている人々から発せられるだけではありません。実は支援現場の最前線に立っている人々からも、さまざまな戸惑いや疑問の声が上がっているのです。現場からの声は、今の親の状況をそのまま反映していて、考えさせられるものばかりです。そこには私自身がひとりの親として味わった思いも交錯します。時代は変わり、子育て支援の必要性がこれほどまでに主張されていてなお、親のあり方や子育てに寄せる人々の心のなかには、容易には変わらないとらわれがあると考えさせられます。

「今どきの親は……」

子育て支援の活動に身を投じながらも、ふと「今どきの親は……」とつぶやいてしまうという声に、最近よく接します。

たとえば、各地で開催される子育て支援を考える講演会やフォーラム等に出かけますと、担当者が一所懸命に準備や当日の運営にあたっておられますが、一日をいっしょに過ごして気心が知れるようになると、本音をもらされることがよくあるのです。「昔は、こんな子育て支援はなかったのですが、それでも母親たちは懸命に子育てをしてきました。今は時代が変わったとは言え、なぜここまで支援が必要なのかと思うことがあります。こうした支援事業は上部からやれという指示があるのでやっていますが、今どきのお母さんたちは情けないというか、もっとしっかりしてほしいというのが正直な気持ちです」。

また、これはある自治体が主催した虐待予防のための講演会でしたが、開催にあたって、教育長さんが次のような挨拶をされました。「私は自分の子どもたちのときは仕事に追われて、子育てのいっさいは妻まかせでしたが、最近孫が生まれました。孫の可愛さは格別でして、日々の成長を間近にみる喜びはたとえようがありません。こんなにいとおしい存在があったのかと思うとともに、最近はいたいけな幼子を虐待する親がいることに憤りと驚きを覚えます。とくに母親がわが子をないがしろにする事件が相次いでいますが、なんたることでしょうか！　子育ては本来、女性が乳を与え、わが身に代えてでも慈しみ、守ってきたのです。子育ては人類の崇高な営みであり、女性の最高の仕事なのです。現代の女性にそれができなくなっていることに、暗澹たる思いを禁じえないのでありまして、ぜひとも、地域の皆様のお力で、親をしっかりと教育していただきたいところであります」。

また子育て支援のあり方を論議する自治体の審議会の冒頭で、首長さんや担当部署の責任者が、次のような挨拶をする場面によく出くわします。「こんな時代になりまして、わが市町村でも子育て支援に取り組まざるを得なくなったわけですが、子育て支援が親を甘やかすことがあってはならないのでありまして、どうかそのあたりをお含みいただいて、よろしくご審議のほどをお願いいたします」。

男性たちの疑問符には驚かない!

こうした人々の発言を聞いていると、子育ては本来、親、とくに母親が全面的に担うべきであるのに、最近はダメな親が増えてきているので、子育て支援をやらざるを得ないという考えが基底にあることが明らかです。こうした発想はいきつくところ、子育て支援は必要悪ということにもなります。

近年の少子化傾向は、子育てに喜びを見出すことができなくて、むしろ、育児の不安やストレスを強めざるを得ない状況が増えていることが、主な原因だと私は考えています。子育て支援は育児が困難になっている社会状況を解決しようという視点を基底にしっかりとらえていないと、「昔は良かった」「昔の母親は偉大だった」というノスタルジックな思いで、「今どきの親」批判の言葉が出てきてしまうのでしょう。

もっとも、どんなに育児をめぐって、親の心理的状況が厳しくなっているとは言え、幼い命を心身ともにいたぶるような虐待はけっして許されることではありません。前述の教育長さんの素朴な怒りは理解できなくはありません。しかし、虐待をする親もまたさまざまな問題を抱え、困難な生活状況におかれているのです。単に親、とりわけ母親に対して怒りを向け、叱咤激励するだけで解決がみられるような問題ではないからこそ、支援が必要なのですが、そのあたりの理解は必ずしも得られているとは思えません。

行政府や自治体の子育て支援担当者が、支援の真意を十分に理解できなかったり、支援の意義そのものを疑うような言葉を発したりする場面に出会うとき、それなりにがっくりはしますが、こうした声の発信者の多くが男性であることには、特段、驚くことはないように思います。

六〇〜七〇代前後の男性であれば、戦後の高度経済成長期を仕事に専心して生き抜いてきた世代です。「男は仕事、女は家庭」という性別役割分業体制のもと、一家を支えるために家庭を顧みる余裕もなく働き続けてきた男性たちです。代わって女性が育児に専念することは、当時の社会的な要請でもあり、当然とみなす風潮のなかで生きてきた世代です。一方、子育て真っ最中の三〇代から四〇代の男性は、高度経済成長期に専業主婦として家事・育児に専念した女性を母にもって育ってきた世代です。

いずれも母親が育児に専念する生活を身近なモデルとして暮らしてきて、それがあたかも古来普遍の現象であると信じて疑わない世代です。その男性たちが、子育て支援について語ること自体が、前代未聞のことと言ってもよいのではないかと思います。

したがって、私はある意味で当然のようにも思いますし、率直に反論しています。「子育て支援が親をダメにするなんてことは、ありません。育児に孤軍奮闘する母親たちの生活実態に、もっと目を向けてください。昔と今とでは、時代は変わっているのです。たしかに昔は子育てが大変でしたし、かつての母親に見習うべきものはたくさんあるでしょう。でも、今は昔とはまた違った子育ての大変さがあるのです。昔の母親を賛美しても、なんの解決にならないばかりか、かえって母親を追いつめるだけです。子育て支援は親育て・親育ち支援でもあるのですから」と。

地域の子育て支援者の複雑な思い

しかし、子育て支援に疑問の声を上げるのは、男性ばかりではありません。実は各地の子育て支援現場で熱心に活動している女性たちからも聞かれるのです。

地域の支援者の方々の言葉は、しかし、複雑です。子育て支援の必要性は頭ではわかっていても、いざ若い親に接すると、胸中は複雑だと言います。「今どきの親はどうしてこんなに子育てを知らないのだろう?!」「こんなに身勝手で、子どものこともよく考えないふるまいをする親に、どういう言葉をかけたらわかってもらえるのだろうか?」「良かれと思ってしたことなのに素直に受け取ってもらえずに、逆に反抗的な態度を取られた。こんな親まで支援をしなくてはならないのだろうか?」等々。そして、結局のところ「親が変わってしまった。親はもっとしっかりすべきなのに、支援をすることがかえって親を甘やかすことになっているのではないか?」といった思いに至ってしまうと言うのです。

支援が親を甘やかすだけではないかとの思いは、子どもを預かる場合に、さらに強くなるようです。たとえば、最近、地域の子育て支援として着実な実績をあげて注目されているファミリー・サポート・センター活動の支援者から、こうした声をよく聞くようになりました。

ファミリー・サポート・センターとは、地域において、育児や介護の援助を受けたい人(依頼会員)と行いたい人(提供会員)が会員となって相互に助けあう組織です。働く親の支援の一助として、一九九四年から労働省(当時)が取り組みはじめた活動ですが、現在では就労の有無にかかわらず、子どものいるすべての家庭への支援へと活動範囲を広げていて、センター数も全国で三〇〇箇所余りを数えるまでとなっています。地域によって多少の差はありますが、一時間数百円という、比較的利用しやすい料金設定で運営されていて、基調はボランティア精神においているところも特徴です。

地域が崩壊したと言われて久しくなりますが、子育てを通して、支え―支えられるという関係が地域に築かれている様子があちこちに見られて、希望のもてる取り組みです。提供会員の方からは、自分の子育てが一段落した今、改めて地域の子どもたちの役に立てることがうれしいという喜びの声が数多く寄せられています。なかには定年後の男性が妻といっしょに提供会員となって、自分の子どものときは仕事に追われてできなかった子育ての喜びを実感しているという声もあります。一方、核家族で、実家も遠く、育児に孤軍奮闘している若い世代にとっては、提供会員さんは実家の親に代わる大事な助っ人となっています。まさに「遠くの親戚よりも近くの他人」がうまく機能している好事例と言えましょう。

ところが、活動が知られるようになり依頼件数が増えるにつれて、支援者側の提供会員さんから、「こんな親のニーズにまで応えなくてはいけないのでしょうか」という声が、よく聞かれるようになってきました。

たとえば「育児に疲れたので、子どもと離れて少しホッとしたいというお母さんの依頼を受けたのですが、初めは一〜二時間のお預けだったのに、そのうち、子どもを預けることになれてきたらしく、だんだん依頼時間が長くなってきています。喫茶店に行ったりしているらしいのですが、このまま、ずるずる依頼をお受けしていていいものでしょうか。リフレッシュにも程があるように思いますが」と言います。

また、次のような声もありました。「大学生のお母さんからの依頼があるんですよ。できちゃった結婚らしくて、大学の講義に出るために、その間、子どもをみてほしいという依頼があるのですが、こういう依頼も受けるべきなのでしょうか？　学生の分際で子どもを産んで、自分で育てられないからといって、人に頼るのはどうかと思いますが」と。

保育者の戸惑い

同様の疑問は、母親が講演会や講座に参加することを支援する一時保育担当者からも、よく出されます。最近は、母親が落ち着いて講演を聴いたり、講座で学習できるように、その間、会場の別室等で子どもを一時的に預かる活動が広がってきています。しかし、初めて母親から離れたり、慣れない環境に連れてこられて、泣く子どももいます。子どもが泣き出すと、「子どもを泣かせてまで、母親がなぜ講演を聴いたり講座を受ける必要があるのか？　子どもにつらい思いまでさせて、することではない」「子どもが小さいうちに、母親が自分の時間をもとうとするのはわがままではないか」「子どものためにならないような活動は、子育て支援ではない」という声があがるのです。

親と子、どちらの立場に立てばよいのかと、さらに頭を悩ましているのは、保育園の保育士さんたちでしょう。「仕事が休みの日でも、子どもを保育園に預けにくる親が増えているけれど、はたしてそういう場合も、子どもを受け入れるべきなのか」という質問は、保育士さんたちとの研修会の席上で、決まって出される疑問の声です。「子どもたちは、いつもは親と離れてさみしい思いをしています。仕事が休みの日くらい、家で子どもとゆっくり過ごしてほしいのに。保育園があることが、かえって親と子の接触の時間を奪ってしまうのではないかというジレンマを覚えます」というのです。

男性たちから寄せられる疑問符に対しては毅然と反論しても、こうした地域で子育て支援の最前線で活動している女性たちから届けられる疑問の声に対しては、それなりの裏づけがあるだけに複雑な思いを禁じ得ません。疑問符は即、活動内容へとつながって、親子に与える影響も少なくないからです。

地域の子育て支援活動に携わっている人々の疑問や戸惑いは、時も場も超えた共通性があります。ちょうどどこを切っても、同じ絵が飛び出す金太郎飴的な悩みと言ってもよいかもしれません。私自身、似たような声を、どこかで、そして、いつも聞き続けてきたような思いにとらわれます。こうした戸惑いの声に共感するものを感じながらも、時代は変わっているのに実は何も変わっていないではないかという忸怩《じくじ》たる思いを抱くというのも、正直な感想です。こうした声を乗り越えることなくして、本当の子育て支援にはならないと思い続けてきたのですが、今、改めて同じ声に接しているような思いなのです。

学生の分際で!!

とりわけ、フラッシュバックのように私の脳裏につらい思い出としてよみがえってきたのは、学生で子どもを預けたいという依頼をいぶかる、ファミリー・サポート・センターの提供会員さんの疑問の声に接したときでした。

実は今から三〇年近く前、私も「学生の分際で子どもを産んだ母」だったのです。そのときも、同じように厳しい目を向けられたことを、昨日のように思い出します。長女の保育所入所に際して、園長先生から「育児放棄のお母さんね」という言葉を投げかけられたのです。もっとも、私の場合はできちゃった結婚ではありませんでしたし、学生といっても大学院の博士課程の学生でした。しかし、今から三〇年近く前の当時は、仮に仕事をしていたとしても、食べることに困らない限り、母親が仕事をやめて、育児に専念すべきだという考え方が一般的な時代でした。母親になっても自分の勉強や研究を続けようとすることは、当時の常識からすれば確信犯的な逸脱であって、できちゃった結婚よりも、もっと許しがたい事例だったのではないかと思います。しかし、「育児放棄」という言葉ほど母親を苦しめる言葉はありません。

長女が乳飲み子の頃は、ファミリー・サポート・センター活動のような地域の相互扶助組織はありませんでした。せめて一週間に三~四時間、大学院で授業を受ける間だけでも預かってくれる人を探すのに、銀行の掲示板を使わせてもらったり、預ってくれる人を求めて夫と東奔西走しました。それでも適切な人がなかなか見つからずに、両親や姉にずいぶんと助けてもらいました。たまたま大学に行くまでの途中駅に住んでいた姉のもとに何度通ったことでしょう。姉には当時三歳の長女と、私の娘と一週間違いで生まれた長男がいましたが、その長男を背負い、別れ際に泣く私の娘を胸に抱きながら、「心配しないでいってらっしゃい」と笑顔で送ってくれました。その姉の傍らで、三歳の姪がふたりの赤ちゃんを懸命にあやしてくれていました。

ファミリー・サポート・センターの提供会員さんに「学生さんの依頼も、どうか受けてあげてください」と答えながら、子育て支援がここまで言われている時代を迎えてもなお、支援者たちがこうした疑問をもつということは、母親たちが直面する子育ての厳しさにもさほど変化がないように思われてなりません。

ファミリー・サポート・センターの提供会員さんたちは、活動開始に際して、たいてい講習を受けていますが、地域によってその内容も時間数もさまざまです。むしろ、子育て経験があって、心身ともに健康で、地域の親子の役に立ちたいと考える人々の善意を大切にした活動です。こうした活動が地域に根ざしはじめたこと自体、とてもすばらしいことですが、善意と素人性のうえに成り立っている活動であるだけに、親支援にかかわる問題点も素朴なかたちで出てくるのだと思います。育児に疲れた母親のために、喜んで子どもを預かったものの、度重なる依頼に、今度は「リフレッシュにも程がある!」という疑問の気持ちを生じさせてくるのも、親のニーズにどこまで応えるべきなのか、その線引きに悩む素朴な疑問と言えましょう。しかし、こうした支援者の素朴で、率直な疑問符が母親たちを苦しめてもいるのです。

子どもを泣かせてまで?

一方、講演会や講座開催時の一時保育中に、途中で母親に呼び出しがかかるのは、なぜでしょうか。途中で、「○○ちゃんが泣いています。お母さんは一時保育室までいらしてください」という呼び出しの張り紙が出されると、顔色を変えて飛び出す母親、できれば講座を聞いていたいのにと残念そうな表情を残して出ていく母親と、人によって反応もいろいろです。

こうした光景を間近に見ると、講師として話をしていても心が落ち着きません。顔色を変えて飛び出す母親は、一時保育を利用するのが初めてという人が多いようです。最初の経験でつまずいて、自分のための時間をもとうとしたことへの罪悪感をいっそう強めてしまうことがないかと、心配です。一方、講座に心を残すそぶりを見せながら退室した母親は、どんな気持ちでわが子を引き取るのでしょうか。「この子が泣くから、私は中座をしなくてはならなかった」という無念さを心のどこかに残しながら帰る母親が、家に帰ったとき、果たして子どもに優しい笑顔を向けることができるのかも、心配でなりません。

こういう場面に出くわすたびに、一時保育として子どもを受け入れた以上、なぜ泣いていることだけを理由に、いちいち母親を呼び出さなくてはならないのかと、疑問に思うことが少なくありません。新しい環境で、赤ちゃんや小さい子が泣き出すのはよくあることですが、一時間半から二時間程度の一時保育は、母子が少しずつ離れる練習としても良い機会です。もっとも、ひきつけを起こすほど、激しく泣く子もいて、そういう場合は、無理をさせてはいけませんし、お母さんに引き取りにきてもらうことは必要でしょう。しかし、そんなにひどい状態でもないのに、ただ「泣いているから」という理由で呼び出している場合も少なくないのが実情です。

ある講演会でも、呼び出しが行われていましたが、あとで事情を聞くと、一時保育担当者の間でも、この程度で母親を呼び出すのはどうかと意見が分かれたそうです。しかし、「子どもが泣いているのに、母親が講演を聞いているなんておかしい!!」と強く主張する人がいて、その声の大きさに引きずられてしまったそうです。その声の主は元幼稚園で主任をしていた方だったとか。乳幼児教育のベテランと称する支援者のなかに、いまだに母親が自分のために時間を使うことは許容しがたいという考えが根強くあることを考えさせられる事例です。

親が休みなのに、なぜ預けるの?

親が仕事が休みのときに子どもを保育園で預かるべきか、それとも家で親と過ごすべきなのか――保育士さんと親の間に横たわる大きな問題ですが、この点についてはどうでしょうか。二人の娘たちが保育園にお世話になっていた二十数年前にも同じ問題があったことが思い出されます。

当時、私は保育専門学校の講師をしていましたが、土日の他にあと一日、研究日がありました。研究日は学校に行かず、自宅で過ごすことが多かったのですが、それでも私は朝夕の送迎のときは他の日と同じように出勤姿に洋服を調えて行ったものです。うっかり普段着で行くと、「あら、お母さん、今日はお仕事休みですか?」という言葉が向けられるからです。お休みなのに、なぜ家で子どもをみないのですかという思いの込められた言葉や眼差しを向けられるのは、なかなかつらいものがありました。

「お休みの日ぐらい、家で子どもをみてください」という保育士さんからのメッセージは、とくに夏休み前になると一段と強まったものでした。たしかに仕事が休みの日は、家で子どもとゆっくり過ごしたいという気持ちはありましたが、研究日や夏休みは教員にとってけっして休養日ではないのです。調査や論文執筆、学生のレポート添削に追われて、出勤日以上に時間がないことがほとんどです。同じように教職についていた友人は、スーツケースいっぱいに学生の答案やレポートを積んで、保育士さんに夏休み中に課せられた教員の仕事について説明して、事情を理解してもらうのに苦労したと言っていました。

似たような経験をした親がかつては少なくなく、たとえ仕事が休みで、普段着で連れていった場合でも、「今日は遅番です」と嘘をつくという親もいました。しかし、おすし屋さんや美容院のような自営業の親のなかには、朝から夜遅くまで働いて、せめて定休日は一日、体を休めていたいけれど、定休日がその地域でもよく知られていて、嘘もつけず、つらいという声もよく聞きました。

こうした親に対して、かつての保育士さんたちはけっして優しくはありませんでした。夏休みや冬休みなどの長期休暇前には、一斉に休暇に関するアンケートが配られ、その傍らには「日頃、お子さんはさみしい思いをしています。せめて休みの日は、親と子のスキンシップを大切にしましょう！」と、メッセージを付ける保育園が少なくなかったのです。

最近は保育園の立場もずいぶんと変わり、就労の有無にかかわらず、子育て支援の必要性が高まっていることもあります。ですから、保育士さんも正面きって、休みの日は親がみるようにとは言わなくなっているようです。しかし、直接親に言わないだけであって、心中、複雑な思いを抱いているのが実際のところのようです。「ふだん働いているから、休みの日ぐらいゆっくりしたいという気持ちはわからなくはないけれど、子どものためを思えば、せめて休みの日ぐらい、家で子どもとの時間を大事にしてほしいと思うのですが、親にどう言えばいいのでしょうか」と言う質問が、保育士さんを対象とした講演会や研修会でよく出されます。

仕事が休みの日に子どもを保育園に連れてくる親に対して、保育士さんが疑問に思う理由は、なんといっても「子どものため」を思うからだと言います。子どもたちは日ごろ、保育園で過ごして、親とふれあう時間が限られているのだから、せめて休みの日くらいは家でゆっくり親と過ごす楽しさを経験させてほしいという願いはよく理解できますし、また親もそう願う親でありたいと思います。

しかし、そうは望んではいても、仕事に追われて心身ともに疲れきっている親も少なくありません。せめて休みの日はホッとする時間がほしいと願う気持ちも理解してあげたいものです。親を責めるまえに、子育て期の親がもっとゆとりのある働き方ができるよう、雇用環境を整備する必要性があることを、社会全体で声をあげていかなくてはならないと思います。

仕事と子育ての両立に疲れきっている親の生活の実態を、一番知ることができる保育士さんたちが、子育て中の親の労働環境の改善に向けて真っ先に声を上げてもよいのではないかと思います。しかし、保育士さんたちは社会に向けて声を発するよりも、親に批判的な目を向けるのです。

子どもにさみしい思いをさせない保育を心がけることが保育者としての専門性のはずですし、親と力をあわせて労働環境の改善に向けたメッセージを発することが、子どもと親の生活を間近にみる保育という現場ならではの子育て支援ではないかと思うのですが、そうした視点はまだ希薄なようです。

4　支援者の盲点――子育て支援は親支援と言いつつ

支援者たちが「こんな親まで支援しなければならないの？」とさらに頭を悩ますのは、「困った親」への対応をせまられるときです。

とるべき対応として、しばしば意見が二つに分かれます。一つは、好ましくない言動に対しては、厳しくたしなめるべきであり、それが「親教育」だという意見です。この意見の支持者たちは、今は世の中全体が若い者に対して甘くなっていたり、嫌がられることを恐れたりして、言うべきことを言わないことが問題であり、支援者には毅然とした態度が必要だと言います。

一方、そうは言っても、実際は何も言えない。うかつに忠告などしようものなら、どんな仕返しをされるかわからないと言う人々も少なくありません。今はむしろ、この後者の立場に立つ支援者が多数派になっているように思います。

この二つの意見は正反対のようでいて、実は親と支援者との間に、相互の信頼感を欠いている点で共通するものがあるように思われます。

この点に気づかずに一方的に親を非難することが、親をどれほど追いつめているのか、子育て支援の実状に焦点をあてながら考えてみたいと思います。

「困った親」と言うけれど

「困った親」への支援について考える際に気をつけておきたいのは、まず本当に問題のある親なのかという点です。むしろ、そう言う支援者側の視点にこそ問題があるかもしれないと考えてみる必要があるのではないでしょうか。

たとえば、ある年配の男性小児科医が、「この薬は白湯で飲ませるように」と言ったところ、「白湯というのはなんですか？　薬局に行けば売っているのでしょうか？」と尋ねた母親がいたそうです。その医者は「嘆かわしい！」と怒っていました。

似た事例では、テレビで料理番組を見た母親が、同じ料理を作ろうとしたのでしょう。コンビニに「びっくり水」を買いにきたとか。ところが、コンビニの若い店員さんも「びっくり水」がわからなかったそうです。結局、テレビでは商品名を言えなかったのだろうということになって、ミネラル水を購入していったとか。

さらに、保育園の園長さんは、こう嘆いていました。「明日はちょっと遠出のお散歩をしますから、水筒をもってきてくださいと言うと、最近は空の水筒をもたせる親がいるんですよ」と。

また、これも保育園の先生方からよく聞く声ですが、「子どもが保育の途中で発熱したり、歯が痛みだしたときに、職場に連絡してすぐ迎えにくるように言っても、園の方で医者に連れていってもらえないのかと言うお母さんが増えて、困ったものです」と。

こうした例は枚挙にいとまがないというほどよく聞きますが、そのたびに私はなぜか釈然としない思いがします。はたして、こういう親は本当に「困った親」なのでしょうか。むしろ、ただ単に知らないというだけのことではないでしょうか。むしろ、支援者側に発想の転換を求められているということはないでしょうか。

若い親が白湯を知らないのは、教わってこなかったからです。知らないことを責めるまえに、私たち親世代が伝えてこなかったことを省みるべきでしょう。そして、伝えていけばよいことです。白湯というのは、沸騰した湯を冷ましたもので、薬局に行かずとも、家でつくれますよと。

びっくり水も同様でしょう。若い親世代のなかには、家で炊事の手伝いをすることもなく育った人が少なくないのです。テレビを見て、わざわざ同じ料理を作りたいという気持ちをもつことの方が、私は素晴らしいと思います。「びっくり水とは、めん類などをゆでるときに、沸騰した湯をいったんしずめ、ふきこぼれを防ぐために加える冷水のことで、差し水とも言います」と一言、解説をつければすむことです。そこまで教えるのかと嘆くまえに、若い世代が知らないこと、いえ、若い世代に伝え忘れていたことを、一つひとつていねいに伝え直していくこと、これも子育て支援の基本なのだと思います。

保育園で水筒をもってくるようにと言うと、空の水筒を子どもにもたせる親が増えているという件に関しては、おそらく親の側にも言い分があるのではないかと思います。家庭によって水筒の中味が異なっていたらいけないのではないか、保育園の方で、白湯か番茶の冷ましたものを入れてくれるのではないか等々、想像して、空の水筒をもたせる親もいることと思います。水筒持参を伝えるときに、中に何を入れてきたらよいのか、一言、言葉を添えてあげればすむことではないかと思えなくもありません。

また、保育の途中の発熱や歯の痛みに対する処置についてですが、これはいろいろと難しい問題もあろうかと思いますが、すぐ迎えにくることができる親ばかりではないでしょう。

私の場合も、このことで困惑した経験がありました。保育園から、次女が熱を出したので、すぐに迎えにくるようにという電話が職場にかかってきたのですが、そのときは三八度ということでした。講義を早めに切り上げて駆けつけたものの、通勤時間も加わって、園についたときは、電話をいただいてから二時間近く経っていました。その時、娘の熱は四〇度に！　火達磨のように熱くほてった娘をおんぶしながら帰宅したものの、小児科の診察時間はすでに終わってしまっていて、救急にかけつけたりと、大変な思いをしました。保育園の隣は小児科医で、園の嘱託医さんでもあったのですが、診察時間中に診ていただけていたらと、切ない思いをしました。

親がすぐに迎えに駆けつけることができれば、それに越したことはないのでしょうが、仕事の切り上げ方や通勤時間の問題もあります。親の迎えをただ待っているよりも、園の方で医者に見せる方法を考えてもよいのではないかと思います。そのように言うと、「そんなことをしたら、家庭によって、うちはあの医院に、また別の親はこちらの医院に連れていってほしいと要求ばかり出されて、対応ができなくなる」と心配する先生もいます。でも、その場合には、歯科はここ、小児科はあそこというように、園から近い医院を指定医として決めておいて、緊急の場合に親の要望があればそれらの医師に見せるというような決め事をつくっておくなど、困った親が増えたと嘆くまえに、とるべき方法はいろいろとあるのではないでしょうか。

親をためす？

必要な情報を適切なかたちで親に伝えることなく、できない、知らないと責めるのは、無意識のうちに親をためすことにつながるのではないかと思うこともあります。これも私の経験ですが、保育園の園長先生の方針で、ためされて、とてもつらい思いをしたことがあります。

長女が二歳のときです。登園したある朝、私は顔面蒼白になってしまいました。先生が娘に「お弁当はちゃんともってきた?」と聞いたからです。その保育園では月に一度、お弁当の日がありました。ただ、その日がいつかは決まっていなくて、月初めに発行される園便りに「お知らせ」として掲示されるのです。それもけっして大きな活字ではなくて、隅から隅までしっかりと読まないと、見落としてしまいかねないほどの大きさでした。毎月、しっかりチェックして、カレンダーに大きく記しをつけていたはずなのに、その月はついうっかりしてしまったのです。当時は保育専門学校の専任講師をしていましたので、時間割によっては遅刻をしていくことも可能な職場でした。しかし、悪いことは重なるものです。その日に限って、変更不可能な予定が入ってしまっていて、家に戻ってお弁当を作って届ける時間のゆとりはまったくなかったのです。

「どうしよう」と、凍りつくような思いで立ち尽くしていると、後ろからポンと背中を叩く人がいました。「大日向さん、大丈夫。私が届けてあげるから。安心して、仕事にいってらっしゃい!」という声は、近所のおすし屋さんのお母さんでした。「うちにはネタがいっぱいあるから、心配いらないわよ」という威勢のいい声が、地獄で出会った仏様の声のように聞こえました。夕方迎えにいくと、「きょうのお弁当、とってもおいしかった」と娘は上機嫌。それもそのはず。おすし屋さんのお弁当です。以来、我が家ではお鮨の出前はそのお店以外、取りませんでしたし、その後、都内に引っ越しをしましたが、引っ越しの前夜、家族いっしょにとった最後の食事も、そのおすし屋さんでした。

今は懐かしい思い出ですが、当時は身震いのするような経験でしたから、翌月からは園便りを毎月、穴の開くほど隅から隅まで読み、カレンダーにも入念に記しをつけ、夫にも覚えておいてもらったりしました。せめて前日に玄関にでも「明日はお弁当の日ですよ」と書いておいてくれたらいいのに、と思ったものです。仕事に追われて子どものことをおろそかにしないようにと、園長先生の「親育て」の方針だったと、今は思えるのですが。

「困った親」に何も言えない、言わない

二人の娘たちがお世話になっていたかつての保育園の先生方は、親を教育しなくてはという意気込みからでしょうか、ときにとても厳しい姿勢を示していたように思います。ところが最近は、気の毒なほど親への対応に神経を使い、何も言えなくなったという声に接することが増えています。子どものことを思うと、親といっしょに協力して対応したいこと、親の態度を改めてほしい

と思うことがいっぱいあるのに、なかなか言い出せずに苦慮しているのだと言います。

たとえば、子どもの異変があちこちから伝えられていますが、子どもの問題行動は年々低年齢化して、対応が難しくなってきています。どんなに子どもたちが扱いにくくなったといっても、子どもの問題は保育士が力を発揮すべき専門分野ですが、一番、悩ましいのは親への対応だと聞きます。仮に子どもに何か問題があったとしたら、親や家庭と手を携えて、いっしょにより良い解決を探りたいと思っても、親と向きあうことができない。むしろ、子どもの問題の背後には、必ずと言ってもいいほど、親や家庭の問題が横たわっていると言います。

保育士さんたちを困惑させている事例のいくつかを紹介してみましょう。

まず、朝の登園時間に遅れたり、迎えの時間に遅れたりする親が少なくないと言います。また、朝からぐったりしている子が増えているとのこと。とくに月曜日に生気のない顔で登園したり、イライラして落ち着きをなくしている子が増えているということです。夜更かしをして、朝食を食べていなかったり、日曜日に親が自分本位の楽しみ方をして、小さい子どもを無理なスケジュールで一日中、連れまわしたりすることが原因です。

また、コミュニケーションがとれない親も増えていると聞きます。子どものことで心配なこと、親に注意してほしいことがあって、話し合おうとしても、会話を避けるかのように聞こえないふりをする親、いきなり怒り出す親もいます。さらに、ちょっとした怪我や子どもどうしのけんかに対して、過剰に反応してクレームをつける親が増えているとか。なかには、連絡帳に子どもの身体図を描き、「このあざは昨日家でつくったあざだが、それ以外の傷やあざができたら、保育園でできたあざだから、よく注意してほしい」と毎朝、書いてくる親がいるとか。

これはある園長会で聞いた話ですが、月曜日の朝、手にやけどをして登園してきた園児がいたそうです。医者にかかった気配がないとのこと。親に尋ねると、「金曜日に親の何人かが集まって飲み会をしていたところ、目を放したすきに揚げ物のなべに触って、やけどをしてしまった。土、日は医院も休みだし、月曜日は忙しくて医者に連れていく暇もない」という答えが帰ってきたそうです。

こういう事例を聞くたびに、「困った親」が増えたものだとは思いますが、それよりも驚かされるのは、保育士さんたちが親に対して、率直に注意や助言をしていないケースが少なくないことです。

やけどの事例では、親に対して医者に連れていくべきだという注意ができなかったと、園長が言うのです。母親が先回りして、「土、日は医院も休みだし、月曜日は忙しくて医者に連れていく暇もないから」と言われてしまったから。もし、そこで「お母さん、それは違うでしょ」と言おうものなら、大変なことになると言うのです。「毎日、仕事と育児に振りまわされている私たちが、たまに飲み食いをしてストレスを発散するくらい、なぜいけないのか?」と逆襲され、結局、「あの保育園の園長は母親につらくあたる」と福祉事務所などに通報されるのがおちだからというのが、何も言えない理由なのです。この園長はこれまでに何回も、似たような経験をしているとのことです。

保育園も変わった?

前にも書きましたが、かつて私の娘たちがお世話になっていた時代は、保育士さんの対応は、もっと厳しいものでした。

毎朝、体温のチェックがあって、少しでも熱があると、その日は預かってもらえませんでした。ある日、いつものように登園し、朝の支度をしていると、主任の先生が血相を変えて園長に「この子の母親に連絡して、すぐ引き取らせてください」と言っているのが聞こえました。一歳児クラスの男の子でしたが、下痢をしたということです。問題はその子がいつもはしていない腹巻をしていることに主任の先生は立腹したのです。おそらく家にいるときからお腹の調子が悪かったはずで、それを隠して預けたに違いないから、今後のためにも今日は預からないと、園長と二人で話し合っている声を傍らで聞いて、自分のことのように切なくなったものでした。その母親がどんな思いでわが子に腹巻をさせたのかが、私には痛いほどわかったからです。

こういう事例はめったにありませんでしたが、とにかく朝の登園や夕方の迎えにおくれは許されませんでした。次女が二歳のときのことです。夕方から大雨がふり出したその日に、私は帰路に翌朝のパンと牛乳を買って、保育園に到着しました。当時、私に課せられた通常の迎えの時間は五時三〇分でしたが、その日は早く仕事を終えることができて、保育園に着いたのは五時前でした。余裕を持って保育園に迎えにいくことができましたし、明日の朝食の支度も帰路にできてホッとしたのですが、翌日、登園すると「お母さん、ちょっといいですか?」と、主任の先生に呼び止められたのです。

何事かと思ったら「お母さん、昨日、お買い物をして帰ってきたそうですが……」と言うのです。迎えの時間におくれたのであれば注意を受けるのは当然としても、規定よりもだいぶ早く迎えにきたのに、なぜ注意を受けなくてはならないのかと、正直戸惑いましたが、当時は、帰路の買い物は禁止だったのです。「子どもはお母さんから離れて、さみしい思いをして我慢をしているのだから、買い物をしている暇があったら、一分でも早く迎えにこようという気持ちになってください」と言われ、さらに大型冷蔵庫が普及しているのだから、食料品は土日に一週間まとめて買うようにといった指導が続きました。

こうした経験は私だけではなかったのです。保育園に子どもを預けて働いている友人、知人に聞くと、当時は皆、同じような経験をしていたものでした。そして、母親仲間たちは異口同音に「保育園の送迎がある親の通勤かばんに、書類かばんは不向き。大型の頭陀袋にしなさい」とアドバイスをしてくれました。そう言われて改めて観察してみると、母親たちは頭陀袋を肩から提げていて、朝はスリムな袋が、なぜか夕方の迎えのときには、パンパンにふくらんでいたものでした。

このときの経験も、今思えば、私に配慮が足りなかったことを教えられたように思います。「保育園で子どもがさみしい思いをしているから、母親は買い物をする時間があったら、その分、一分でも早く迎えにくるべきだ」という説明には納得がいきませんが、帰路の買い物をひとりに認めれば、なかには買い物を理由として迎えにおくれる人が出てくることでしょう。仮に買い物をしたとしても、それをさりげなく隠すのがマナーであることも考えさせられました。私とのやりとりで、保育士さんが「昨日、もっていたパンと牛乳は、お昼休みに買ったものかしら？　もしそうなら、問題ありませんが」と言われたのは、まさに大岡裁きでした。でも、若くて余裕のなかった私は、生真面目に反論したものです。「いいえ、先生。保育専門学校の教員は、お昼休みにお買い物になんか行けないんです!! 学生が質問にきたり、会議があったりして。お昼ごはんも食べられないこともあります。昨日のパンは帰りに地下鉄の上のスーパーで買いました!」。

このような事例を紹介すると、さぞかしつらい保育園時代だったのかと思われるかもしれませんが、そのようなことはけっしてありません。私が働きながらも二人の娘たちを育てることができたのは、保育園があってこそのことで、心から感謝をしています。娘たちも本当にお世話になって、今でも保育園時代の楽しい思い出話に花を咲かせることがしばしばです。しかし、山のようにある楽しい思い出のなかに点在するつらい経験も忘れ難いものなのです。

おそらく当時の私は、保育士さんから見て「困った親」のひとりだったのでしょう。下痢で腹巻をしている子への対応には首を傾けざるをえませんし、当時の保育士の親への対応には厳しすぎた面もあったように思わなくもありません。しかし、親に向けて率直なメッセージが届けられていたように思います。

親への信頼感の欠如

それに比べて、今の保育士さんたちは、なぜ親に言うべき必要なことまでも言わずに、控えてしまっているのでしょうか。話を聞けば、どのように解決すべきかが自ずと明らかになってくる場合は少なくないはずです。

たとえば、朝の登園時間におくれてくれば、午前中の保育に支障をきたすのは言うまでもありませんが、尋ねてみればおくれてくる理由もさまざまなはずです。離婚をして子どもを引き取ったある母親は、元夫から養育費ももらえないために、深夜までパートの仕事を掛け持ちして働いていました。そのために朝、起きられず、朝食の支度も十分にできないこともあって、保育園の給食で一日の栄養の大半を取らせてもらっていると言います。

また、三人の子の母親は、あるときから突然、登園が一一時前後になりはじめました。しかし、おくれた理由は何も言わずに子どもを預けていってしまうことに、保育士さんたちは一日目は驚き、二日目はあきれ、三日目は皆、白い目で見るようになったと言います。そして、四日目に「お母さん、困るんですけど」と厳しい言葉を向けたところ、その母親は「保育園の先生たちだけは私の味方、応援してくれていると思ったのに、どうしてそんなに厳しい口調で責めるんですか」とワッと泣き崩れてしまったそうです。おくれてきていた理由は前述の母親と同じだったそうです。おくれる理由を何も告げずに子どもを預けていく母親に問題があることは言うまでもありませんが、日々の暮らしに困難を抱え、おくれてくることに後ろめたさも感じている場合には、自分から言えない場合もあるでしょう。保育士さんたちが三日間も何も聞かずに我慢をし、母親に対して不信感をどんどん募らせてしまったことが最大の問題であり、それが詰問調の言葉となって母親をさらに孤独の淵に追いつめていってしまったのです。

朝食を十分に食べさせてこない親、登園の時間におくれてくる親といっても、理由はさまざまです。明け方近くまで、親がテレビを見たり、ゲームをして、不規則な生活をしているのか、暮らしていくためにぎりぎりまで働きづくめで朝起きられないのかによって、言葉かけも支援の仕方もおのずと異なってくるでしょう。その点をどのように聞き分けていくのか、すなわち、いかに親の声を聞くかが、支援のスタートだと言っても過言ではありません。

率直な言葉かけができないのは、以前に比べて対応に窮するような「困った親」が増えているからと言いますが、本当の原因は、親に対する信頼感が欠けているのではないかと思われてなりません。前述のように、うかつなことを言うと反応が怖いとか、言ってもわかってくれないだろうというあきらめの心境に至っている保育士さんが少なくありません。

そうした信頼感の欠如には、さらに根の深い問題が隠されているように思います。それは「乳飲み子の世話一つ、なぜ親、とくに母親が十分にできないのか」という忸怩《じくじ》たる思いではないでしょうか。言い換えれば、「初めから完璧な親はいない。だからこそ支援が必要なのだ」という支援の基本的な理念が、十分に徹底されていないと言ってもよいかと思います。「親である以上、この程度のことはできて当たり前ではないか」という気持ちを根底にもって接するから、親に率直に向きあえなくなっているのではないでしょうか。一方、かつての保育士さんが、ときとして大上段に構えるかのような厳しい指導を親にしたのは、「ダメな親を叱咤激励しなくてはならない」とする使命感だったのではないかと思われます。

人を育むためには、経験や知識に差はあるとしても、人格は対等とみる信頼感が欠かせないはずです。しかし、「親は子育てができて当たり前。子育ての第一義的な責任者は親しかいない」と考える発想が、育児力において未熟な親をまえにして、対等な人とみなす視点を欠いているのであり、この点に関しては、親を厳しく叱責したかつての保育士さんも、親に言うべきことも言えない今の保育士さんも根底では同じではないかと思います。

子育てひろばには、私の居場所がない！

さて、〈あい・ぽーと〉を開設する前に、私はいくつかの子育てひろばを回ってみましたが、そこにも支援者の盲点があるような思いがしました。

もっとも、どこのひろばにもお母さんどうしが楽しそうに談笑したり、子どもたちを遊ばせたりしている光景が見られました。利用者の感想を聞いても、「毎日のようにここに来ています」

「子どもが喜んで遊ぶので、私も楽です」「同年齢の子どもをもつ母親どうしなので、子育ての悩みなども相談できて助かっています」といった声が聞かれました。こうして親子が楽しく集うことができる子育てひろばが各地に広がっていくことに、私も大いに共感するところです。

ただ、どこのひろばに行っても、なにか一つ物足りない、そんな気持ちがしていたことも事実でした。何が足りなかったのでしょうか？　それを教えてくれたのが、ひとりの母親の声でした。

都内の、ある子育てひろばでひとときを過ごして、帰路につこうとしたとき、同じく施設を出て帰宅に向かう母子連れといっしょになりました。駅までの道を歩きながら、とりとめのない話をしていたところ、突然、「こうして家路につくときが、とても虚しくて」と言い出したのです。「朝、ご飯を食べさせて、急いで家の片づけや洗濯をすませて、ひろばに来るんですよ。ひろばに来れば、おもちゃもいっぱいありますし、同じぐらいの年齢の子もいます。まだこの子はお友だちといっしょに遊べる年齢ではないかもしれませんが、子どもは子どもがいっぱいいる雰囲気が好きなんでしょうか、機嫌よく遊んでくれます。センターの先生方が、ときには絵本の読み聞かせや手遊びも教えてくださいますし。だからセンターで過ごしているときは、楽しいんです。でも帰り道になると、私っていったい何しているのだろうって思うんです。毎日、毎日、子育てごっこしているみたいで、三〇歳の私はどこにいってしまったの？と思うと、さみしくなって。

夫は仕事に追われていて、会話もどんどん少なくなって、なんだか取り残されていくような気持ちです。こういうのを、日ごとにおばさんになっていくみたいって言うのでしょうか。こういう気持ちはだれにも話せないんです。センターの方々も、私たちを一所懸命に楽しませようとしてくださっているのはよくわかるから、言えませんし」。

私が各地の子育てひろばを訪問して感じた物足りなさを、この母親の言葉は見事に言い当てていました。そうなのです、子育てひろばには、大人としての母親の居場所がないのです。

子ども扱いされてきた母親たち

玄関に入ったときから、うさぎやりすのかわいいぬいぐるみや切り絵に迎えられ、「よく来たわね」と子どもに向けられるスタッフの笑顔と声は、そのまま「さあ、お母さんも楽しく遊んでいってね」と同じように母親にも向けられます。母親に対しての言葉づかいもいつしか幼児向けになってしまっています。子どもを楽しく遊ばせることが子育て支援の中心的な課題であることはもちろんですが、そのことだけに関心が集中するからでしょうか、母親まで子ども扱いする支援者が少なくありません。

このことを痛感したのは、ある県の子育て支援者の大会に参加したときです。県内の各地から参加したグループが日ごろの活動を紹介するプログラムがありました。絵本の読み聞かせやペープサート、ぬいぐるみの劇など、どれもこれも楽しい企画で、支援者の方々の多才ぶりに感心しました。そのうちに会場のフロアーも巻き込んだ「アンパンマン体操」の時間となり、私も客席で踊ることになったかと思うと、今度は「ひみつのアッコちゃん」が舞台に登場し、「テクマクマヤコン　テクマクマヤコン」という呪文をかけられて、会場中の参加者が三歳に若返らせてもらって(?)、お遊戯ごっことなりました。

楽しいひとときではありましたが、何やら疲れたなと思いながら会場を後にしようとしたとき、同じ大会に参加していた五〇代と思われる数名の女性たちに声をかけられました。「私たちも地域の子育て支援に何かできることはないかしら、と思って今日は参加したのですが、私たちの出番はないみたいですね。あんなに元気に踊ったり跳ねたりは、もう無理です」と。前述の「子育て支援センターには三〇歳の私の居場所がない」とうつむいていたお母さんの顔がふと思い出されて、支援者の視点がどこか違っているのではないかと、真剣に考え直さなければならないという気持ちにさせられる言葉でした。

そうして改めて振り返ってみると、子育てひろばでは似たような光景がくり返されているように思います。これもある子育てひろばでの経験ですが、私を囲んで、母親たちが子育ての悩みやつらさをみんなで語りあおうという企画をいただきました。

二〇名前後の母親たちが集まって語りあう内容にいろいろと考えさせられることの多い会でしたが、気になったのは司会をしてくれたセンターのスタッフの語り口でした。「今日はね、大日向先生が来てくれました。せっかくの機会だから、お母さんたち、遠慮しなくていいからね。日ごろの悩みや心配ごと、何でも話してね」とまるで幼子に話しかけるような口調です。途中ではさむ言葉も「ふーん、そうなんだあ」「うんうん、わかる、わかるよ、お母さんの気持ち。じゃあ、どうしたらいいか先生に聞いてみようね」といった調子です。「かつての職場の同僚から近況報告の手紙などをもらうたびに、落ち込んだり、焦ったりしてしまう。育児に専念することに自分で納得して、仕事を辞めたはずなのに。そして、この子といっしょにいられる今の時間の大切さも、頭ではわかっているのに、最近、毎日イライラしてしまって」と胸の内を話したひとりの母親が、司会者が話すたびに、窓の外に目をそらす姿が印象的でした。

「女・子ども」カプセルはいらない

また、これは数年前に聞いたエピソードですが、保健所の子育て支援講座から帰ってきた母親が、「お母さんになると、社会ではああいう扱いを受けるのね。とてもみじめだった」と夫に泣いて訴えたといいます。いったい、講座で何があったのでしょうか。

その講座のタイトルは「母親のための人間関係づくり講座」でした。折りしも東京の文京区で「春奈ちゃん殺害事件」が起きたときでした。いたいけな幼児が、同じ幼稚園に子どもを通わす母親の手によって殺害されるという、大変痛ましい事件でしたが、当時、母親どうしの人間関係のもつれが遠因となっているのではないかと、マスコミでは取り沙汰されました。保健所の職員の方々は、おそらくそうした報道に心を痛めたのでしょう。地域のお母さん方が心地よくおつきあいできるような人間関係づくりのきっかけにしたいと考えた企画だと思います。趣旨は的確だったと思いますが、参加者の母親にみじめな思いをさせてしまったのは、手法に問題があったのです。

当日は別室で一時保育もつき、母親たちは身一つで会場とされた部屋に向かったところ、部屋はガランとした空間。待つことほどなく、講師の方がポータブルステレオを持参して入ってこられて、「さあ、お母さんたち。輪になって！」と言われたそうです。ステレオから流された音楽は、きらきら星。講師の先生は輪の中心に立って、頭の上で手の平を「きんきん　きらきら」に合わせて回転させながら、「さあ、お母さんたちも、こうして踊って」と手本を示されたそうです。そして、途中で音楽を止めると、「さあ、近くにいる五人で輪になって、一〇分間、お話しましょう」。こうして何度かくり返されたあと、最後に音楽のテープが止まったところで、「今、向き合っている人が、あなたの運命の親友です！　心ゆくまでお話ししましょうね」。これが「母親のための人間関係づくり講座」の内容だったのです。

家に帰って、その母親は輪の中で踊ったみじめさを夫にこう訴えています。「もし、この子がいっしょだったら、私はきらきら星の踊りでもなんでも、喜んで踊ったわ。でも、この子はそばにいなかった！　なぜ二〇代後半から三〇代の女性が集まって、人間関係について学ぼうというときに、きらきら星を踊らなくてはならないの？　母親は幼児と同じなの？」と。

先ほどの「子育ての悩みを語り合う座談会」も、この「母親のための人間関係づくり講座」も、いずれも母親となった女性に対して大人として見る視点をいかに欠いた支援であるかということを考えさせられるのではないでしょうか。

各地に子育てひろばや支援センターをつくったとしても、母親が子ども扱いされるような場所ばかりが増えるとしたら、そして、そうした場しか母親たちが通う場がないとしたら、それこそ親はダメになってしまうのではないでしょうか。乳幼児のわが子とじっと家に閉じこもる「母子カプセル」状態から一歩、抜け出したとしても、行く先が地域の「女・子ども」カプセルにすぎないとしたら、子育て期の女性の視野や感性はどんどん幼児っぽくなってしまう危険性があることが心配です。最近の若い母親は社会性が欠けているとか、つまらない情報に翻弄されるマニュアルママが増えているなどと、母親批判の言葉を耳にすることがよくあります。しかし、「女・子ども」の世界に閉じこめ、視野を狭くさせ、なおそれを支援だと思いこんでいる支援者側にも、反省すべき点は少なくないように思うのです。

第Ⅱ部　子育て・家族支援の現場から

――港区子育てひろば〈あい・ぽーと〉の実践

5　〈あい・ぽーと〉への思い

第Ⅰ部では、子育て支援の現状に対する私なりの率直な意見を述べてきました。

それでは、これからの子育て支援はどうあるべきなのでしょうか。現状への問題提起に従って、その何分の一かでも実行に移していかなくてはならないでしょう。幸いにも、二〇〇三年九月より、東京都港区南青山に、ＮＰＯと行政との協働による新たな子育て・家族支援の現場を与えられました。

第Ⅱ部は、現場からのレポートです。

可能な限り子育て支援のあるべき姿をめざしたいと願いつつ、スタッフとともに歩んだ一年半の記録ですが、第Ⅰ部で言ったことの、即、実践には必ずしも至ってはいません。むしろ、模索との戦いの日々の記録と言ったほうがよいかもしれません。

〈あい・ぽーと〉に託す夢

次の文章は、港区の子育てハンドブックのなかの〈あい・ぽーと〉の紹介文ですが、めざすところの概略を知っていただくために、ここに掲げてみたいと思います。

二〇〇三年九月にオープンした『子育てひろば「あい・ぽーと」』は、旧港区立青葉幼稚園の施設を活用した子育て支援施設です。親子が自由に遊べる屋内スペースと園庭のある施設には、いつでも飲食のできるテーブルと椅子や授乳室も用意してあり、昼食やおやつを持って一日中「あい・ぽーと」で過ごすことができます。

つどいのひろば「ひだまり」では、親子が楽しく遊び、仲間の親子との交流ができる各種プログラムや季節ごとの楽しいイベントもいっぱいです。

一時保育「あおば」は、曜日・理由を問わず、お子さんをお預かりしています。冠婚葬祭や通院、不定期の仕事といった理由の他に、美容院、観劇や、夫婦で食事を楽しむなどのリフレッシュのためにもご利用いただいています。

園庭では、季節ごとに有機園芸を楽しむ「キッズ交流ガーデン」を実施しています。じゃがいもやさといも、だいこんなどの植え付けから収穫までを体験し、緑とふれあい、いのちが育つ素晴らしさを子どもと共に、家族一緒に楽しんでいただいています。

育児中は悩みがつきないものです。日ごろのちょっとした悩みから、専門的な所見が必要な悩みまで、幅広く育児相談に応じています。この他に、ビーズ手芸やデッサン教室などの趣味の講座、子育て講座、食育関連講座、ライフデザイン・女性のための再就職支援の講座などを随時開催しています。いずれも「あおば」に子どもを預けて、ゆっくりと学んだり、講座を楽しむことができます。

また、施設の二階には現在、ミニ図書館を準備中です。図書館や本屋に行きにくい育児中の親を対象に、読書を楽しんでいただくことを目的としています。港区をはじめ、全国の子育て関連の情報収集も行っています。

こうした「あい・ぽーと」の諸活動は、専任スタッフのほかに、地域の方々がボランティアとして、あるいは有償のパートナーとして、一緒に支えてくれています。「あい・ぽーと」は地域の方々と共に育てていく施設です。地域の子育て支援力の向上を目指して、二〇〇五年一月二一日から「子育て・家族支援者」養成講座を開始しました。子育て真っ最中の方からシニア世代の方々を対象に、港区内に子育て支援の担い手を増やしていく企画です。地域住民以外にも、港区内の企業人の研修にも活用していただく予定です。

「あい・ぽーと」は、港区の総合的な子育て・家族支援の拠点としての活動を目指しています。

★利用には会員登録が必要です(年会費四月一日~翌年三月三一日・子ども一人五〇〇〇円)

★つどいのひろば「ひだまり」は月曜~土曜の午前一〇時から午後四時半まで。無料(会員登録

が必要です)

★一時保育「あおば」の利用は、月曜~土曜・午前九時~午後六時(時間内)は一時間八〇〇円、時間外(午前七時半~午前九時、午後六時~午後九時)と日・祝日は一時間一二〇〇円(要事前予約・詳細は会員登録時に説明)

子育てひろば　あい・ぽーと

〒一〇七―〇〇六二　東京都港区南青山二―二五―一

(東京メトロ銀座線・外苑前駅b1出口二分)

TEL 03-5786-3250　FAX 03-5786-3256

管理・運営/特定非営利活動法人「あい・ぽーとステーション」

ホームページ http://www.ai-port.jp

〈あい・ぽーと〉という名称に込めた願い

〈あい・ぽーと〉の意味はなんですかと、よく聞かれます。

「あい」とは、「ふれあい」「分かちあい」「学びあい」「支えあい」「育ちあい」の五つの「あい」の結晶です。親子が仲間の親子とふれあい、子育ての苦楽を分かちあい、ともに学びあい、支えあって、育っていこうという思いが込められたこの五つの「あい」は、江東区の子育て支援センター〈みずべ〉の設立者で、〈あい・ぽーと〉を運営するNPO法人の代表者でもある新澤誠治先生が、常々言っておられる子育て支援の心です。

この五つの「あい」には、もちろん「愛」も込めています。親と地域の人々が力を合わせて子どもを愛していく拠点にしたいとの願いです。

さて、その次は「ぽーと」ですが、これは港です。港区の子育てサポートハウス事業として、港区の港の言葉を入れたのですが、この港に私は特別の思いを込めています。つまり、港は、船出であり、寄港の場です。〈あい・ぽーと〉で、さまざまな「あい」を経験した親、とくにお母さんたちが、元気になって、社会に船出をしてほしいという願いです。同時に、疲れたとき、ホッとしたいときには、いつでも帰ってくることのできる港でありたいと。

こうした〈あい・ぽーと〉という名称に込めた思いを具体化していくために、次の三つの事業を主柱に据えることを企画しました。

第一は、親子が楽しく集い、子育て・子育ちの喜びを味わえる場となること。第二は、〈あい・ぽーと〉が育児中の親、とくに女性にとって社会参加支援の場となること。第三は、〈あい・ぽーと〉が地域の育児力向上の拠点となること。具体的には、ひろば事業、理由を問わず預かる一時保育、女性の社会参加支援の各種講座の開催、そして、地域の子育て支援者養成です。

女性の社会参加を支援したい

〈あい・ぽーと〉の活動の中で、私がとりわけ力を注ぎたいと思っているのは、育児中の女性の社会参加支援です。

社会参加と言っても、二段階の参加があると考えています。

まず第一段階は、家のなかに子どもと閉じこもりがちな母親たちが、一歩、外に足を踏み出していくことです。家のなかで、乳幼児期のわが子とだけ向き合う時間ばかりを積み重ねていると、「脳から言語が消えていくみたい」「失語症になりそうだ」と嘆く母親たちの声を、私は数多く聞いてきました。朝から晩まで、来る日も来る日も子どもの世話に追われる心身の疲れから、苛立ちを強め、いつしか自分を見失っていく母親たち。彼女らが息を吹き返すために、仲間とともにふれあい、子育ての苦楽を語りあい、分かちあえる場として、ひろば事業を活動の中心の一つに据えました。常識がない、育児について無知すぎると嘆くまえに、親として、ともに育ちあうためのさまざまな企画や講座も大事にしようと考えました。

しかし、私は親子の集うひろばだけの支援センターをつくるつもりはありませんでした。女性の社会参加を名実ともに、社会的活動につなげていくための支援が、第二段階として必要であると考えているからです。

育児のためにいったん仕事を離れて家庭に入ったものの、二度と社会に戻れないのではないかという不安に襲われる女性や、夫の収入に頼る暮らしに、経済的な不安だけでなく自己のアイデンティティのよりどころを見失って苦しむ女性に必要なのは、育児中から社会的活動を視野に入れた支援であることは、長年の調査で母親たちの声を聞き続けてきた私の確信でもあるのです。

親が大人になれる場に

「大人としての私の居場所がどこにもない!」と母親たちを嘆かせないような支援センターにしたいと、私は〈あい・ぽーと〉の開設にあたって心に誓いました。子育て中でも、というよりも、子育て中だからこそ、大人としての自分を見出せるような時間と場を、母親となった女性たちに提供したいと願ったのです。

この願いをまず全面的に受け止めてくれたのが、パリから帰国したばかりの青年画家でした。館内のカラーコーディネーターをボランティアで引き受けてくれたのです。テーブルや棚をはじめとした調度品、ディスプレイに至るまで、すべて手作りです。オープン前の二か月近く、のこぎりやペンキの筆をもって黙々と働く彼を、訪れる人は大工さんやペンキ屋さんだと思っていたようですが、でき上がった館内はオフホワイトを基調にして、本当にくつろげる空間に仕上がりました。これに合わせて、保育のスタッフがおもちゃの選定に入りましたが、限られた予算のなかで、いろいろと工夫をして、温もりのある木製のおもちゃがそろいました。

難航したのが、スタッフやボランティアの人がかけるエプロン選びです。館内が温もりのある落ち着いた色調で統一されてみると、エプロン選びにもスタッフは神経を使うようになりました。いろいろとカタログを取り寄せてみるのですが、幼稚園や保育園で使用されているものは、どれもピンクやイエローの鮮やかな色がほとんどで、おまけにくだものや動物のかわいいアップリケが刺繍されていたりします。どれもかわいいのですが、それを身につけて館内を歩く姿を想像すると、どうしてもインテリアとミスマッチなのです。スタッフが手分けをして、デパートなどを駆け回ってさがしてきたのが、スタッフ用には無地のベージュ色のエプロン、ボランティア用には、ベージュとこげ茶のチェック柄のエプロンでした。ちょっと地味かなとも思ったの

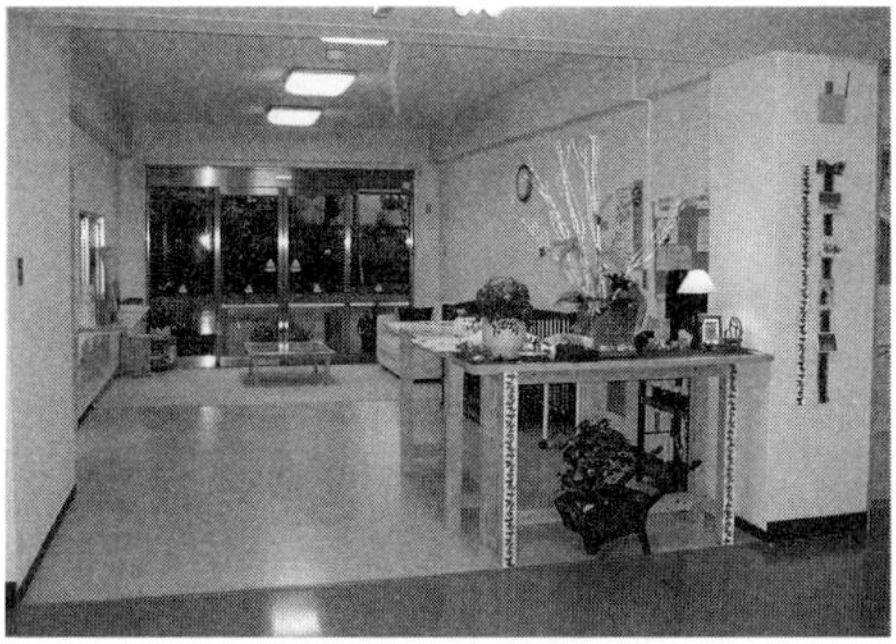

〈あい・ぽーと〉のエントランス

ですが、「〈あい・ぽーと〉の主役は親と子。お母さん、お父さん、子どもたちが〈あい・ぽーと〉に来るとのびのびできるように、私たちスタッフは黒子でいよう」というスタッフの声で、ベージュ系エプロンで決着となりました。

エプロンの色を控えめにしたのには、もう一つ理由がありました。男性保育士が一人いるからです。体格もよくて大柄な彼がかけても似合うエプロンにしなくてはと、みんなで選んだのですが、結果的に、この選定基準は成功でした。その後、〈あい・ぽーと〉には学生や社会人がボランティアやインターンシップとして数多く加わるようになりましたが、そのなかには男性もいます。茶系をベースにしたエプロンはどの男性にも似合うようです。

こうして、館内のインテリア、おもちゃ、スタッフのエプロンと、全体のカラーコーディネートが施されてみると、なんとも落ち着いた、心くつろぐ空間ができ上がりました。男性やお父さんたちにも、出入りしやすい支援センターができました。

理由を問わず預かる一時保育をめぐって

前述の二段階の社会参加支援を具体化していくために、〈あい・ぽーと〉では、一時保育事業「あおば」をひろば事業とならんだもう一つの柱に据えることを考えました。しかも、この一時保育は、「理由を問わず預かる」ことをモットーとするものです。母親が子どもから離れる理由が仕事や自己実現のためであろうと、娯楽のためであろうと、また子どもといっしょにいたくないという理由にすぎない場合でも、まずはすべて受け入れることから出発するのが子育て支援の基本と考えているからです。

私は子育て支援のまず第一歩は、母親にゆとりを与えることだと考えています。乳幼児期の子どもを育てている母親にとって、ほんのわずかでも自分ひとりの時間をもつことがどれほど切実に求められているかということを、長年の聞き取り調査から痛感していたからです。

しかし、社会一般は、母親がいっときでも子どもから離れることは母親失格であるかのようにみなす風潮が、いまだに根強く存在しています。子どもをよその誰かに預けることが許される条件は、冠婚葬祭や仕事、あるいは母親自身の病気などのやむを得ない事情に限られています。たとえば「病院(びょういん)に行くためなら預かるが、美容院(びよういん)に行くのはだめ」という対応だったのです。「よ」が大きいか小さいかによって、対応が分かれてきたのです。

母親自身のリフレッシュのために子どもをだれかに預けるなどということは論外とみなされてきたのです。「母性愛を備えた女性であれば、わが子から離れたいなどという発想をもつはずはないし、万一、そんな母親がいたとしても、子どもから離れることを許せば母親を堕落させるだけだ」という考え方をもつ人は少なくありません。第I部でも述べましたが、母親が学んだり、講演を聴くために子どもを預けたりすることに対して、理解は示されてきませんでした。

しかし、それでは本当の支援にはなりません。数か月ぶりに美容院でシャンプーをしてもらい、温かなお湯に髪がすすがれていく感触に、思わず「ああ、生きていて良かった」とつぶやいた母親。喫茶店で小一時間、ボーッと過ごして帰ると、「気持ちが悪いほど優しくなって帰ってくる」と夫に言われる母親。子どもを預けて久しぶりにおしゃれをして外出したとき、コツコツと響くヒールの靴音が何とも懐かしく、背筋がのびるような思いだったと語る母親。子どもを寝かしつけたあと、深夜まで開いている本屋に車を飛ばして立ち読みをするひとときに救われているという母親。

育児に明け暮れて、家のなかに閉じこめられる生活から母親たちを救い出すために、まず、理由を問わず預かる一時保育が必要です。さらには、勉強したい、社会復帰のために資格を取りたいと願う母親、そして、不定期な仕事ではあるけれど、育児と仕事を両立させたいと願う母親たちへの支援は、育児中の女性の社会参加支援の第二段階として、いっそう力を入れていきたい企画と考えました。

もっとも、〈あい・ぽーと〉では預ける理由は問いませんが、子どもを引き取りにきたときに、子どもの可愛さ、子どもとともにある時間の喜びに気づいてもらえる支援ができるよう力を注ぐことは言うまでもありません。仮に子どもをかわいく思えないという理由で子どもを預けたとしても、迎えにきたときに、家では見たことのない笑顔に接して子どもの愛らしさに気づいてほしい、スタッフたちが子どもに向ける言葉かけや表情の一つ一つのなかに子どもへの関わり方を学んでほしいと願ったことも、理由を問わず預かる一時保育を企画した理由です。

しかし、〈あい・ぽーと〉で、リフレッシュも含めて理由を問わず預かる一時保育を実施するという企画に対して、どこからともなく疑問の声が寄せられたことは言うまでもありません。「都心の青山という場所柄からしても、娯楽遊興の誘いに負けて、気楽に子どもを預けて遊びに行くような、いわば育児放棄の母親を増長させるだけではないか？」「母親がパチンコに行くという理由でも預かるのですか？」と。

こうした懸念の声や反対論は当然、予想されたことでもあり、私の信念は揺らぐことはありませんでした。「母親が子どもから少しの間、離れることに反対するのは、母性愛幻想に惑わされて、育児に孤軍奮闘する母親の生活実態から目をそらしているからに他ならない。どんなにかわいいわが子であっても、手間隙のかかる世話に明け暮れていれば、一瞬、子どもから離れたいと思ったとしても、けっして異常なことではなく、むしろ、ごく自然なこと。むしろ、子どもからいっときでも離れる時間をもつことで、母親自身がゆとりを取り戻すことができるのだ」と、確信していたからなのです。

しかしながら、理由を問わず預かる一時保育をいざ実現に移すとなると、スタッフの間で、改めて理念を問い直す作業が求められました。

預かる子どもの対象年齢は生後二か月から就学前までですが、問題は時間の設定でした。現在、「あおば」は朝七時三〇分から夜九時まで、原則として年中無休で行っていますが、当初はあれやこれやと意見がわかれました。たとえば、通常の一時保育時間は午前九時から午後六時までとして、リフレッシュはこの時間内で受けることとし、早朝や夜間は、親の病気や仕事をはじめとして緊急性の高い要請に応えてはどうかという意見が出されました。

私ももっともな提案だと思っていたのですが、これに対して、若いスタッフから、それでは本当のリフレッシュ支援にはならないのではないかという、異議が出されました。子どもを保育園に預けながら〈あい・ぽーと〉で保育士として働いている彼女曰く、「子どもからちょっと離れてホッとしたい時は、夜だってあります。一日の疲れがたまって、イライラしたときなど、一～二時間、本屋さんに行ったり、喫茶店に行ったりすることができたら、どんなに気分転換ができるかしれません。リフレッシュ保育は日中だけというのでは、本当のリフレッシュ支援にはならないのではないですか?!」。

私はこの言葉に接して、自分の盲点をつかれた思いがしました。預ける理由を問わないと言いながら、時間によって対応に差をつけるとしたら、子どもを預けることに対するこれまでの社会一般の通念とさほど変わらないことをするところでした。この若いスタッフの意見に一同も賛成して、時間帯によって理由を限定することはせず、料金だけに違いをつけようというところに落ち着いたのです。

地域の育児力の向上をめざす構想

〈あい・ぽーと〉では、子育て支援の専門性、すなわち「子育ての支援力」を備えた人を養成して、地域の育児力を回復することも、大きな計画の一つとしました。

第一は、親と子を支援できる人と場所を地域にたくさん確保することです。子育て支援は一つの施設で行うだけでは充分ではありません。地域全体に支援が広くいきわたるよう、子育て支援の理念を共有してくれる人を、ポストの数ほど増やしたい。そして、将来的には、〈あい・ぽーと〉のサテライトとなる子育て支援室を区内のあちこちに展開することをめざしたいと考えました。

第二は、養成講座を受講した人が地域の「子育て・家族支援者」として資格を取得できるように計画することです。〈あい・ぽーと〉や地域の支援室で有償で活動できるだけの資格取得をめざしたいと考えました。この企画は、とくに女性にとって、育児経験を基にした社会参加となることを目標とするものです。

また、定年後の人々が職業経験で培った能力を、再び地域の子育て支援者として発揮するシステムづくりもめざしています。企業が社員研修の一部として参加を認めるようになれば、育児を通した社会貢献という、新たな企業文化の育成にも寄与することになるのではないか——そんなことを視野に入れての企画です(この詳細は、第一〇章で述べたいと思います)。

6　いざ、当事者となってみれば

さて、大きなビジョンをたずさえて、いよいよ現場に立つ日がきました。地域の親子・家族の息づかいにふれながら、支援活動を日々展開するフィールドは、支援者にとっても、夢と現実がリアルタイムで交錯する貴重な学びの場所です。

ところが、いざ、その〈あい・ぽーと〉に身をおいてみると、子育て支援とはいったいなんだったのか、本当に親子のために役立つ支援とはなんなのかと、絶えず疑問がわき出てくるのは、どうしたことでしょう。とくに、お母さんたちと事実上、最初に出会った日のことを、つい昨日の出来事のように鮮明に覚えています。このときのことを思い出すたびに、私は若葉マークの支援者であることを、心に言い聞かせているのです。

バギー軍団来る？

それはこんなエピソードからでした。〈あい・ぽーと〉は二〇〇三年六月にオープンの予定で改装準備などを進めていましたが、直前になって建物のシックハウス対策のために、予定していたオープンをおくらさざるを得ない事態に至りました。オープン延期は残念なことではありましたが、赤ちゃんや小さい子どもたちが出入りする施設ですから、環境整備に万全を期すことは当然のことでした。

さて、オープン延期について区報でお知らせはしたものの、訂正版を見ないで訪れてくる人がいる可能性があります。その方々にオープン延期のお詫びをしなくてはなりません。スタッフといっしょに門の前で待機していたところ、やはり知らずに訪れた母子が何組かありました。その光景は今も目に焼きついています。七～八組の母子が〈あい・ぽーと〉の門をめざして進んでくる様子は、さながら「バギー軍団到来」といった様子でした。

「ようこそ」と言ってお迎えできないのはつらいことでしたが、オープン延期と知ったお母さん方もがっかりなさったのは、言うまでもありません。子連れで外出する準備をし、仲間と誘いあわせて、バギーを押しながら都心の道路を歩いてくる大変さは想像しただけでも、申し訳なさでいっぱいでした。

ところが、オープン延期を知った母親たちの間から、こんな言葉が次々に発せられたのです。「えーっ、オープンが延びたんですか？　ということは、一時預かりもだめってことですよね。今日はその下見にきたのに……がっかり」。

溌剌ママたちも、胸の内は揺れている

活字で読めば、一時保育を待ち焦がれる母親の切実な声と読めるでしょう。そして、そういう母親たちのために、私は〈あい・ぽーと〉で一時保育を、しかも、理由を問わず預かる一時保育の企画を進めていたのです。それなのに、その母親たちの声を耳にしたとき、「こんなにも一時保育が待たれているのだ」とは正直に喜べない違和感を覚えたのです。

それは率直に言って、私が考えていた「支援が必要な母親」と「目の前の母親たち」とのギャップに戸惑ったからに他なりません。つまり、これまで私が出会ってきた育児のつらさを訴える母親たちと、一見したところ、あまりにも受ける印象が違ったのです。育児のつらさを訴える母親たちは、押しなべて涙を浮かべ、自分は子育てに適していないのではないかと、頭を悩ましている母親でした。それに比べて、〈あい・ぽーと〉の門前に集合したバギー軍団は、なんとおしゃれで、溌剌として、パワーにあふれていたことでしょう。こういうお母さんまで、本当に支援が

必要なのかしらと、つい思ってしまったほどだったのです。

明るくて、元気に満ちた母親たちの姿に戸惑いを覚えるのは、私だけではないようです。〈あい・ぽーと〉がオープンしてから、いろいろな方々が視察にみえるようになりましたが、こうしたお母さん方を見て、いささか見当ちがいの言葉を残す人もいます。「最近は離婚が急増しています。親が自分の都合ばかり主張して、簡単に離婚する時代になって、子どもがかわいそう。東京のことですから、シングル・マザーも多いのではないですか？　かわいそうなお子さんのために、先生、どうか支援をしてあげてくださいね」と。地方で子育て支援の活動に励んでいるという年配の民生委員の方の言葉でした。育児中の母親と言えば、髪ふり乱して、歯を食いしばって苦労に耐え、子どもに献身を尽くす姿を当然と考えている人なのでしょう。ご自身がそうして育児に励んできた人なのかもしれませんが、この方の目から見れば、〈あい・ぽーと〉に集う母親に限らず、最近は支援の手を引っこめたくなるような潑剌ママが各地にたくさんいることでしょう。母親たちのために支援したいと思っていても、無意識のうちに、支援を受ける人のイメージをつくりあげてしまっている怖さを改めて感じましたが、それは私自身が犯しそうになった過ちでもあり、この方のことを他人事として笑えない思いでした。

〈あい・ぽーと〉が実際にオープンして、利用者となった母親たちと親しくふれあう機会をもってみれば、その胸中も実はいろいろと悩み、揺れていることを知るまでに、さほど時間はかかりませんでした。いつもきれいにおしゃれをしている彼女たちの口から、ひとりの時間もままならないといった嘆きの声を聞かされると、私も親しくなったよしみで、つい「そんなにきれいにお化粧する時間はあるのでしょ?」と遠慮のない言葉をかけたりしていますが、「だって、すっぴんでは青山の街は歩けません!」とやり返してくる元気なママたちです。

こうして、とても元気で、なかにはちょっと強そうに見える人もいますが、外見と胸のうちはこんなにも異なるのかと、改めて驚くこともしばしばです。楽しそうに育児をしているようにふるまっている分、余計につらさを抱えている母親も少なくありません。

母親たちは、乳飲み子を抱えて、育児に翻弄されるつらさを異口同音に訴えます。一日中、抱き疲れて肩もあがらないほど疲労困憊しているときでも、赤ちゃんがトイレのなかまで追いかけてくる。その手をふり切ってドアを閉めると、火がついたように泣き出す始末。わが子の泣き声を聞きながら、ドアの内側でボロボロと涙をこぼしてしまったという母親もいます。「雑誌はもちろん、毎日の新聞ですら開く時間がない」、なかには「歯磨きを一度に終えたい」と訴える母親もいます。子どもはいつ何をするかわかりません。歯を磨いている手を止めて、かけつけることもしょっちゅうだと言います。

夜泣きがつらい、おむつがまだとれない、ハイハイをしないけれど大丈夫？と、子どもの成長発達を案じ、かたや育児に協力してくれない夫に対する不満、しつけや教育にあれこれと干渉してくる祖父母との関係に悩む点では、これまで私が育児相談で出会ってきた母親たちと、少しも変わりません。

赤ちゃんの夜泣きに苦しめられているある母親は、次のように語っていました。「ここで出会ったお母さんも同じ思いをしていることを知って、とても励まされました。夜中にこの子が泣き止んでくれないときは、私だけじゃない、今頃あのお母さんも、きっと同じように起きて、赤ちゃんとつきあっているはずだからと思うと、救われます」。ひろばで楽しげに語りあい、笑いあっている母親から聞かされた話です。乳幼児をもつ親で悩みをもたない母親はひとりもいないことを、子育てひろばで改めて痛感しています。

子育てが複雑化している分、悩みも深く

乳幼児の養育に追われる大変さは、今も昔も変わらない悩みと言えますが、そこに今日ならではの悩みも加わって、さらに母親たちを苦しめていることも、日々実感しています。

〈あい・ぽーと〉では月に一回、「施設長の子育て講座」を開催していますが、テーマは「じょうずなしかり方、ほめ方は？」「早期教育は本当に必要なの？」「三歳まで母親は育児に専念すべきか？」「二歳前の子どもにテレビは見せてはいけないの？」といったものです。当初は講座のテーマを私が設定していましたが、回を重ねるに連れて、受講者から内容に対する希望が寄せられるようになりました。

この講座は一時保育つきのために人数制限を設けていることもありますが、毎回、キャンセル待ちが出るほど受講希望が多く、申し込み受付日は、次から次へと電話が鳴り、まるで「チケットぴあ」の電話受付みたいだとスタッフは言います。とくに早期教育をテーマとしたときは、数分で定員枠が埋まってしまったそうです。

受講者の大半は一歳未満の子どもをもつ母親でしたが、母親たちは英語や音楽、体操の教室に通わせるべきかどうかを、今から悩んでいるのです。私もそれなりに教育ママでしたので、子どもにより良い環境を与えたいという親心は理解できます。でも、最近は子育てやしつけのあり方が脳の発達を左右するといったレベルの情報がかけめぐっていて、母親たちはほほえましい親心ではすまされない切迫感すら漂わせているのです。

また、テレビやビデオとの長時間にわたる接触が子どもの心身の発達に悪影響を及ぼしているとして、二歳までのテレビやビデオの視聴を控えるよう、日本小児科医会や日本小児科学会の提言がメディアに大きく報道されたときも、母親たちの心配気な顔がならびました。「忙しいときはつい見せてしまっていたけれど……」「テレビやビデオを見せないで育児をするなんて、どうしたらいいのでしょう」といった質問が飛び交いました。

早期教育の根拠とされている脳科学のデータも、テレビやビデオ視聴が子どもの発達に弊害をもたらすという問題も、現段階ではいずれも信頼性や妥当性の検証がきちんとなされたものとは言えません。二歳前の子どもに四時間以上、テレビやビデオを見せたり、家のなかで八時間以上もテレビがつけっ放しになっていたりする環境は、常識からしてもけっして望ましいとは言えないでしょう。そうした家庭環境に無頓着な親は、すべからく養育のあり方全般に問題が少なくないと思われますし、それが子どもの心身の発達になんらかの問題を生じさせていることは、当然考えられることです。

しかし、テレビが直接、子どもの発達を歪めているという因果関係を示すデータはないのです。早期教育が脳の発達に影響するという説についても、根拠のないものでありながら、あまりにもまことしやかに流布されているのです。専門家からの反論(榊原洋一『子どもの脳の発達』講談社α新書)も出されたところですが、いずれにしても、学問的にきちんと精査されない段階の情報が、マスメディアを通して、親のもとに簡単に届けられる今日は、平常心で子どもと向きあうことが、いかに難しいかということを考えさせられます。昔の親は育児に悩まなかったと言いますが、昔の親は悩む材料が限られていたと言えるのかもしれません。

父親からの相談事

親に対する支援といっても、そのほとんどが母親を想定したものに限られていて、父親が支援の対象から除外されていたという問題も、〈あい・ぽーと〉での新たな発見です。

〈あい・ぽーと〉では相談事業にも力を注いでいますが、その形態もいくつか用意しています。ひろばは、母親たちが仲間どうしで談笑しながら、子育ての情報を交換したり、悩み事の相談をしたりする場であり、そこにさりげなくスタッフや、カウンセリングを勉強した方がボランティアとして加わっています。また毎月、子どもの成長を記録する会「わかば」を設けていますが、身長や体重を測りながら、母親たちがスタッフに悩みや不安を気軽に打ち明けて、一対一で相談できる機会となっています。そうした日常的な場面で交わされる相談以外に、専門的なカウンセリングや相談が必要とスタッフが判断したり、親の側からの申し込みがあったりした場合に、私につないでくれる仕組みになっています。

このいわゆる「専門相談」に、父親からの申し込みが多く寄せられることは意外なことでした。

なかでも、離婚に際して自分が親権をとりたいのに、家裁が認めてくれないと訴える相談が数件あります。離婚に際して子どもを手元に引き取り、精一杯育児に励んでいるのに、乳幼児は母親の手元で育てられるべきだという考え方の裁判官や調停委員が多く、母親に子どもを取り戻されてしまうことを嘆くのです。途方に暮れて、インターネットのウェブをさまよっているうちに〈あい・ぽーと〉にたどりついたという人もいます。

「妻との結婚生活を続けるのは無理だとあきらめました。でも、子どもだけは手放したくありません」と語る彼らの離婚に至る経緯はさまざまですが、共通しているのは「育児の適性を欠いた妻には子どもを託せない」という切羽つまった思いです。その多くは妻が育児不安やストレスに悩み、虐待に近い仕打ちをしたりして、養育を放棄したとしか言いようのないケースです。客観的に見て養育の能力に欠けると思われる妻でも、時を経て親権を主張すると、法曹界は一般的に母としての心情に共感を寄せる傾向にあるようです。その間、懸命に子どもの面倒をみてきた父親の努力に対して評価する気配りもなく、子どもから引き離される哀しさにも理解が示されることはないと言います。

さて、こうした相談を受けながら、私が最も興味深く思うのは、男性と女性とでは、相談する姿勢がずいぶんと違うという点です。ある男性は、離婚に至るまでの経緯を時系列に記したノートを片手に、淡々と事実関係を説明してくれました。それに対する私の言葉も、一言ももらすまいとでもいうように、ペンを握りしめてメモを取っていましたが、仕事の世界になじんだ人の姿であり、整理して伝えてくれる情報も事実関係を把握しやすいものでした。どれほど子どもを愛してきたかは、持参したアルバムに貼られた写真や保育園とのやりとりを記したノートに明らかで、説明の言葉を待つまでもないという思いで、私は話を聞いていました。淡々と事実関係を訴えるだけに、かえって胸の内が想像されるのです。

ところがこうした男性の態度は、往々にして家裁などでは受け入れられないようです。メモを取ろうとしたところ、なんの証拠にするのかと、ひどく怒られたという相談者もいます。相手に泣いて訴えることをしない男性は、子どもを本当に愛しているのか疑問だと言われたという例もあります。涙にむせび、机に打ち伏せてわが子を手放すつらさを訴える母親と好対照なのでしょう。

子どもの有無にかかわらず、男性は仕事に専念する働き方が求められる企業社会にあって、シングルファザーとして育児と仕事の両立をこなす苦労は並大抵のことではないはずです。それでも親としての喜びと責務に目覚めた男性たちに、差し伸べられる手がいかに少ないことでしょうか。男性はもっと育児に参加すべきだという要求が強まっている一方で、こと親権の争いとなると、どんなに努力を払っても育児の能力を認めてもらえないと悩む男性に接するたびに、ここでも支援者側の固定観念を反省する必要があると考えさせられます。育児力は男女の性差を超えて、子どもを愛そうという心と、日々の努力の積み重ねによって培われるものです。男性に育児参加を求めるのであれば、男性の育児力も認め、育むことに力を注ぐ社会でなければならないはずです。

親権を争うという事例は非日常的な事例ではありますが、親とはかくあるべきという固定観念が、男性に対しても親として育つ機会を奪っていることを象徴的にあらわしているように思われてなりません。しかも、弱々しく支援を乞う姿を見せない人に対しては、支援は無用と判断するような対応です。元気潑剌としたバギー軍団の母親たちを前にしたときの私自身の過ちが、ここでも思い出されました。

支援する側と支援される側は、立場の違いはあっても、両者が人として対等に向き合ってこそ、親が親として育ち、支援する側もまたさまざまな学びができるのではないでしょうか。「はじめから立派な親はいない。だからこそ支援が必要なのだ」と言いますが、同時に「はじめから立派な支援者はいない。だからこそ支援を学ぶことが必要だ」と言い換えなくてはならないことを、そして、そのためには支援者としての「おごり」をまず脱ぎ捨てることからはじめなければならないことを、現場から日々教えられる思いです。

先生と呼ばない、呼ばれない

支援者としての「おごり」を脱ぎ捨てると言っても、実はなかなか簡単なことではありません。とかく熱心な人ほど、相手に対して大上段に構えるような態度を取りがちです。「この人のためにやってあげている」という思いが、往々にして「この人のためを思う私の気持ちと行動にまちがいはない。なぜならこんなにも熱心にやっているのだから」という展開になりがちです。支援者が地域の親子に対して、悪気はなくとも、無意識のうちに威圧的な態度を取ってしまうとしたら、きっとこういう思い込みが災いしているのではないでしょうか。そもそも「支援者」という言葉自体に、相手との対等性を見失わせる落とし穴があるように思います。

こうした落とし穴に陥らないために、本当に小さな試みなのですが、〈あい・ぽーと〉では、スタッフどうしはお互いに「○○さん」と呼びあうことにしています。親からも子どもからも「○○さん」と呼んでいただくようにしています。そんなこと、当たり前と言われてしまいそうですが、〈あい・ぽーと〉のスタッフは、施設長の私と事務局長以外は、全員、保育士です。一般的に保育士さんは子どもや親から「先生」と呼ばれているのです。親や子どもから、あるいは保育士どうしの間でも「先生」と呼ばれたり、呼びあったりすることに慣れてきたスタッフのなかには違和感があったかもしれません。でも、支援センターで「先生」はどうしてもなじみません。

そういう私も教員をしている関係上、先生と呼ばれることが多いのですが、〈あい・ぽーと〉で「大日向さん」とみんなから呼ばれることは、なんとすがすがしいことかと思いました。初めて保育専門学校に就職して、母に報告したときに言われた言葉が思い出されました。就職が決まったことを喜んでくれた母でしたが、「一度、先生と呼ばれた人は、タクシーに乗っても、お風呂屋さんに行って裸になっても、すぐわかるというから、気をつけなさいよ」と言うのです。人に教えるという立場に慣れると、無意識のうちに尊大な態度を取りがちなことを戒めてくれたのだと思います。

たかが呼び名、されど呼び名。まず心に着せていた不用なよろいをとることから、はじめてみました。

7　親のニーズと子どもの幸せと

〈あい・ぽーと〉では親、とくに母親が日ごろの子育てに追われる生活から少しでも解放されて、ホッとくつろげるような支援の場となることを大事にしています。親がゆとりを取り戻すことが子どもの幸せにつながると考えるからです。そのための一歩として、理由を問わず子どもを預かる一時保育を行い、また館内のインテリアやカラーコーディネートなどの環境を整備することからスタートしたことは、既に述べた通りです。子育て支援は親支援です。しかし、いざスタートしてみると——当然のことながら、課題は山積でした。

「ゆうやけ　こやけ」事件(?)

館内はオフホワイトで統一された色調の中に、木製のおもちゃや調度品がほどよく配置されて、すっきりとした中にもホッとくつろげるような雰囲気にできあがりました。その影響でしょうか、クラシックのような心落ち着く音楽も聞きたいという利用者の要望が出されて、ひろば「ひだまり」の部屋には、おさえた音量ですが、クラシックなどの静かな音楽を定期的に流しています。
その音楽が館内全体に聞こえる音量に変化するときがあります。「ひだまり」の終わりを告げる四時三〇分です。曲目はスタッフが日替わりに選んでいますが、あるときいつものようなクラシックの曲でなく、幼い子どもの甲高い声で歌われている「ゆうやけ こやけ」が流れて、驚きました。

「ゆうやけ こやけで ひがくれて やまの おてらのかねがなる おてて つないで みなかえろ からすと いっしょに かえりましょう」

私はこの曲がきらいではありません。むしろ、小さいときから親しんできた曲で、口ずさむと、幼い頃の思い出がよみがえってきて、懐かしさで、胸がいっぱいになります。ところが、このときに私の耳に届いた「ゆうやけ こやけ」は、あまり心地よいものではありませんでした。とくに「みなかえろ」がくり返されて聞こえて、なぜか〈あい・ぽーと〉にはふさわしくないと思えてなりませんでした。家路に向かうお母さん方には、〈あい・ぽーと〉でゆったりとくつろいだ雰囲気を、そのまま大事にしながら帰っていただけるような曲を流してほしいのに、追い立てるように聞こえて、ちょっとショッキングな思いでした。

あとで、スタッフにどうして「ゆうやけ こやけ」の曲を選んだのか、その理由を尋ねたところ、返ってきた答えにさらに考えさせられてしまいました。ひろばとして使っている部屋「ひだまり」を閉める時間になっても、なかなか帰ってくれない親子がいるからというのです。

もっとも、スタッフたちはいつも、定時になったからといって、親子にすぐに帰ってもらおうとしているわけではありません。子どもがおもちゃに夢中になって遊んでいれば、「そろそろ帰る時間だから、おしまいにしようね」と促しながらも、子どもが納得するのを待つゆとりの大切さもよくわかっているはずです。

ところが、定時になったことを告げても、いっこうに気にしないで、母親どうしで話しこんでいたり、子どもに帰宅を促すそぶりもみせない親が、ときどきいるようです。一〇分待ち、二〇分待って、とうとう「みなかえろ」の曲をかけざるを得ないことがあるというのです。

スタッフは、親子が帰ったあと、明日の利用者がまた気持ちよく使えるように、おもちゃの手入れや掃除に時間をかけています。木製のおもちゃによだれがついていたり、ときにはお菓子を食べた手でさわったりしたために、べたべたになっていることもあります。それらの一つ一つをていねいにふきとる作業は、どんなに急いでも、小一時間はかかっています。「ひだまり」の閉室が二〇~三〇分おくれれば、その分、他の仕事にも影響して、スタッフの帰宅時間にも響いてしまうという話を聞くと、「ゆうやけ　こやけ」の曲を選ばざるを得ない心境もわからなくはありませんでした。

「親にゆとりを」と言いながら

この「ゆうやけ　こやけ」はささいなことに思われるかもしれませんが、親がゆったりとくつろぎながら、大人の時間と空間を提供したいと願っていた私にとっては、思いがけないちょっとした事件でした。以来、〈あい・ぽーと〉にいるときは、できるだけひろばに顔を出し、さりげなく親子の様子を見るようにしています。

そうして親子の姿を間近に見るようになってみると、改めて赤ちゃんや小さい子どもの愛らしさに心洗われるような思いです。私は娘時代はそれほど子どもが好きというわけではありませんでした。結婚して二人の娘に恵まれて初めて、子どもとはこんなにもいとおしいものかということを知りました。もっとも、どの親もそうだと思いますが、わが子の子育てのときは無我夢中で、かわいいとだけいって、のんびりと眺めているゆとりは少なかったように思います。それが〈あい・ぽーと〉の廊下やひろばの部屋を、よちよち歩きしたり、おもちゃで無心に遊んでいる子どもたちを見ると、ただ無条件に愛くるしく思えるのです。駄々をこねたり、なにか気に入らないといって、大声で泣き叫んだりしている子どもの声も気にならないのですから、まるで孫を思うおばあちゃんの心境です。「ああ、なんと懸命に生きようとしているのかしら」「もっと泣いていいのよ。嫌なことがあるからといって、思いっきり泣けるのは今のうちだから」などと思うこともしばしばです。

ニコニコ笑いかけてくる赤ちゃんもいますし、私も人なつこく寄ってくる子をあやしたりしていますが、ときどきそういう赤ちゃんの親がどこにも見当たらないことがあります。「ママはどこ?」といっしょにお母さんを探すと、離れたところで、母親どうしでおしゃべりを楽しんでいたり、ひとりで雑誌を読みふけっていたりしています。このように時折、わが子が視界にまったく入っていないと思われる母親がいて、そういうときが一番悩ましいときなのです。

なぜなら、〈あい・ぽーと〉のひろばは、原則として親が自分の子どもをみながら、いっしょに遊んでいただく場としているからです。専任スタッフの保育士は、一時保育に当たっていますし、その他にもひろばで定期的に行う各種プログラムの企画や実施などの業務に携わっています。ひろばは親が自主的に子どもと楽しく遊び、他の親子とふれあう機会としてもらうことを目的として位置づけてあるのです。

でも、そうは言っても、家のなかで話し相手もなく過ごしているであろうお母さんたちに、

〈あい・ぽーと〉に来たときは、心ゆくまで仲間とおしゃべりを楽しませてあげたい、家では雑誌をゆっくり読む暇もないでしょうから、ここではソファーに座って、読書にふけるひとときをもってもらいたいと、私は思うのです。わが子と楽しく遊ぶ場としての理念と、お母さんたちにゆとりを提供したいという思いとの間で、頭を抱えざるを得ません。

幸い、最近はボランティアの方がさりげなくひろばに入ってくださるようになって、まずはホッとしたところです。親子の様子を観察し、気になる親子がいればその様子を報告して、支援のあり方をスタッフと相談してくれたりしています。ときには学生がひろばに入って、子どもの相手をしてくれることもあります。

こうしてひとまず問題は解決したと言えなくはないのですが、実はボランティアが入ると、子どもはお任せ状態で、わが子をまったく気にかけなくなる傾向もみられるということです。時折、視線がわが子を追ったり、面倒をみてくれている人に会釈をするなどの心づかいがあればいいのですが、それさえもなく、自分だけの時間に没頭するとなると、はたしてこれでいいのかという疑問が起きるというボランティアの方の声ももっともです。

こういうときは、率直に親に注意をすべきだという考え方もあるでしょう。「お子さんから目を離さないでくださいね」と、スタッフが直接声をかけることもありますが、それも状況次第です。一度の声かけですぐわかってくれる親ももちろんいますが、スタッフのメッセージがなかなか素直に伝わらないケースもあります。

勝手すぎる親もいる？

ある平日に、こんなこともありました。廊下からなにやら大声で話しあう男性の声が聞こえてきたのです。〈あい・ぽーと〉は土曜日になるとお父さんの来館も多いのですが、ウィークデーの館内は母親と子どもの声が主流ですから、低い男性の声はいささかミスマッチな響きをもって聞こえてきました。見ると、ソファーに二人の男性が足を組みながら、なにやら話しに夢中になっています。そのときは私は見学者への対応があって、気にかかりながらも二階にあがっていきましたが、後からスタッフの報告を聞くと、その男性たちは仕事上の関係者らしく、商談めいた話を展開し、ますます声のボリュームが上がっていったとのことです。お母さん方も気になるらしく、居心地の悪そうな視線を向けはじめたこともあって、スタッフが思い切って声をかけたそうです。「ここは子育てひろばなのですが。お子さんとその保護者の方がごいっしょに遊んでいただく場なのですが」と。

ところが返ってきた答えが「僕も、子連れで来てますよ」でした。たしかに会員の方で、入館手続きはしていますが、子どもの姿はどこにも見当たりません。よく探すと、ずっと離れたところでひとり遊びをしています。それも元気な男の子ですから、目を離すことは危険だと判断したスタッフが、「お子さんからなるべく目を離さないでくださいね」とお願いしたところ、「ここは、親も自分たちのために使っていい施設じゃないんですか？　今、うちは妻が入院して大変なんですよ。うるさいこと言わないでくださいよ」と、大変な剣幕で怒りはじめたそうです。怒りながら帰ろうとしたその男性に「どうぞ、またいらしてくださいね。大変なときは一時保育もありますから、ご利用くださいね」と、丁寧に玄関まで見送ったということでしたが、スタッフもちょっと怖い思いをしたようです。

また、次のようなケースで対応に苦慮することがあります。時折、会員手続きをしないで、利用したいという申し出があるのです。

〈あい・ぽーと〉では利用に際して、会員になっていただくことを原則としてお願いして、そのために年会費をいただいています。子ども一人につき一年間で五〇〇〇円という会費設定は、けっして高いものとは思いません。会員の方には、入館退館をチェックするＩＤカードを作成し、保険をつけ、さらに毎月の通信を郵送しますので、それらの実費だけでも会費分ははるかに超えています。それならばいっそのこと無料にしたらという考え方も当初はありましたが、会員になっていただくことで、〈あい・ぽーと〉を大事に利用し、スタッフやほかの利用者とともに〈あい・ぽーと〉を育てていこうという参加意識をもっていただくために、実費の何割かを会費としていただくことにしました。

もっとも、利用者の方々のなかには、遠方から来る人もいますし、また実際に利用してみなければ居心地のよさは判断できないこともあるでしょう。一度だけの利用で終わる人もいることが考えられますので、最初から会員になっていただくことをお願いすることはやめようと、スタッフ間で話し合い、最初は無料で利用していただくトライアル利用を設けました。そうは言っても、最初から〈あい・ぽーと〉を気に入って、ほとんどの方が会員手続きをしてくれますが、トライアルだけをめざして利用するお母さんがたが出てくるようになったのです。

たとえば、「私たちは港区民ではないから、〈あい・ぽーと〉を今後利用する予定はないんです。ただ、評判を聞いて、ちょっと利用してみたいので来ただけですから、会費は払いません」と言って、五～六名で子連れで訪れるママたち。あるいは「友だちを数名連れていきたいのですが、よろしいでしょうか。私は区民で、会員になっていますが、友人たちは区外ですし、会員になる予定はないのですが」という問い合わせの電話を受けることもあります。

〈あい・ぽーと〉では、利用者の方にコーヒーを楽しんでもらえるように、ひろばの一角にセルフサービスでコーヒー(一杯五〇円)が飲めるようなコーナーを用意していて、これもなかなか好評なのですが、「外の喫茶店では子連れで落ち着けないから、〈あい・ぽーと〉を会合の場所として使いたい。でもメンバーは会員になる予定はないから、トライアルで使わせて」という趣旨の申し出も何件かありました。

当初はこういう申し出も受けていたのですが、スタッフから困るという声が出るようになりました。たしかによく見ていると、一日限りの利用と言って数名で来館する母親グループは、わがもの顔でふるまっていく人が少なくありません。今日は館内の雰囲気がいつもと違って、ちょっと殺伐としているなと感じるときは、一日限りのお客さまに「ひだまり」の部屋やエントランスのランチルームが占有されていることがありました。また〈あい・ぽーと〉では利用者の方にごみを持ち帰っていただくようにお願いしていますが、一日限りのグループが帰ったあとは、トイレの片隅に紙おむつや食べ物の残りが丸めて隠してあったりします。

以来、トライアルは原則として廃止せざるを得ないという結論に至りました。もっとも、これはあくまでも原則です。地方に住んでいる方で実家が東京にあってたまたま里帰りしたというように、本当に継続利用が不可能な方にまで強制的に会員になってはいただいていません。

しかし、最初から会員にならないことを前提とした利用者の行動を見ていて、会員になることは単に会費をいただく以上に大切な意味があることを痛感しています。それは前述のように、〈あい・ぽーと〉を大事に思い、より良い施設となるように、スタッフといっしょに育てていこうという意志が五〇〇円に込められるということです。トライアルだけの利用申し込み者にはこういう趣旨を説明していますが、わかっていただける方、不機嫌そうに電話を切る方と、さまざまです。ただし、利用者は港区民だけではありません。区外の利用者も、たくさんいますし、遠方からでも、会員になって利用している方々がたくさんいることも、同時にお伝えしているところです。

一期一会の支援の大切さと難しさ

もっとも、こういうふうに書くと、〈あい・ぽーと〉の利用者はルールを無視したり、自分勝手な親ばかりのように思われるかもしれませんが、けっしてそうではありません。大半はとても気持ちのよい利用者ですし、スタッフと利用者との間に、見ていてほのぼのとした信頼関係が日々、築かれていく様を実感しています。ただ、ときたま「あれ?」と頭を抱えざるを得ない親がいるということなのです。そうした困った親というのは、数から言えば全体のわずか一パーセントにすぎないことでしょう。でも、数が少なくても、そして、たまに起こる現象であったとしても、スタッフにとっては、そういう親への対応が心にかかり、顔を曇らせるということになってしまいます。

聖書には九九匹の羊をおいてでも、迷える一匹の羊を探すキリストの姿が描かれていますが、キリストならぬ生身の人間である私たちは、迷える一匹のために、ふと愚痴がでたり、「こんな親まで支援をしなくてはいけないのか」という疑問の心がわいてきたりしてしまうのです。

さて、前述のお父さんの事例ですが、次のようなうれしい後日談がありました。

数日後のことです。私が〈あい・ぽーと〉に着くと、スタッフが「あのお父さんが、来てくれていますよ」とそっと耳打ちをしてくれました。ひろばに行ってみると、あのときのお父さんがひろばで男の子を遊ばせているのです。

あんなに立腹して帰ったのですから、二度と〈あい・ぽーと〉に来ないのではないかと思っていましたので、正直ホッとしました。スタッフも同じ思いだったのではないでしょうか。「来てくれていますよ」という言葉に、もう一度来てくれたことを喜んでいる気持ちが込められていました。何事もなかったかのように父子で遊んでいる姿を見て、良かったと思うと同時に、この親子にとって、こうして遊びにくることができる場所はそれほど他にはないのかもしれない、スタッフが帰りぎわに丁寧に応対してよかったと思いました。

さらにその数日後には、お母さんが子どもといっしょに訪れるようになりました。退院まもないお母さんは、時折疲れているように見えましたが、今度はひろばでその母親が休んでいる間、他のお母さん方が子どもを自分たちの子どもといっしょに遊ばせている光景が見られるようになったのです。ひろばは親がわが子と遊ぶだけでなく、他の親や子ともふれあいながら、互いに助けあったり、励ましあったりして、子育ての苦楽を分かちあえる場となってほしいと願っていたことが、少しずつ実現しているように感じられました。

私は常々、〈あい・ぽーと〉のような子育てひろばでは、一期一会の気持ちで親子と接することが大切だと、スタッフと話しあっています。保育園や幼稚園は毎日通うことが原則となっていますが、ひろばは来ても来なくてもよい施設です。嫌なことがあれば、二度と足を運んではくれなくなりますから、後から関係を修復することがなかなか難しいからです。

一日限りの利用を理由にわがもの顔でふるまう親、〈あい・ぽーと〉を商談に使った父子、この二つの事例は、親支援に際して、やんわりとでも、「ノー」を毅然と言わなくてはならないことがある一方で、受け入れられる限りは受け入れて、じっと待つという力量も問われることを考えさせられた事例でした。

ジャズ・コンサートをめぐって

「子育て支援は親を支援すること」という理念を確信してはいても、いざ現場に立ってみると、問題はなかなか厄介です。親がゆとりをもつことを優先しすぎて、子どもを犠牲にしてしまうことはないのか、という懸念が常につきまとうからです。この問題は親のニーズの何を、どこまで、そして、どのように支援すべきなのかを考える意味でも、子育て支援の真髄に迫る大切な課題ですが、答えはなかなか難しく、頭を抱えることもしばしばです。

親がホッとできる時間や場所を少しでももつことができれば、子どもに対しても心のゆとりをもって向きあえるでしょう。またひとりの大人としての自分を取り戻すことで、子どもの幼さやかわいらしさに気づくこともできるはずです。

これまで日本社会はあまりにも、親、とくに母親に対して子育てに専念することを求めすぎてきました。その結果、育児に熱心であることが良き母であるという考え方に周囲も母親自身もとらわれて、結果的に子育てからゆとりを奪ってきたのではないでしょうか。子育て支援は親支援という言葉に込めた真意は、親が日々の生活にゆとりを取り戻すことで、子育てにゆとりと喜びを再発見してもらうことにあります。言い換えれば、子どもを大事にするための親支援であって、この二つの間に何の齟齬もないはずなのです。

ところが、いざ親支援を実践しようとすると、「子どもはいったいどうなってしまうの？」という疑問の声が現場から必ずあがるのです。これが理念を現場に移すときの難しさなのですが、〈あい・ぽーと〉でも、この種の問題に直面して、頭を抱えざるを得なかったことがあります。ジャズ・コンサートの夕べを企画したときのことでした。

〈あい・ぽーと〉では、ひろば事業にいろいろな行事や企画を取り入れていますが、そのなかの一つとして季節ごとのコンサートを組んでいます。そもそもの発端は、小さいときから、生演奏でクラシックやその他の音楽を楽しんでもらおうという活動をしているプロのピアニストの方が、〈あい・ぽーと〉でボランティアとして活動していて、その方からの発案を受けたものでした。一二月には「クリスマス・コンサート」、三月には「ひなまつりコンサート」を実施してきて、さて七月には、大人のための「ジャズの夕べ」コンサートを開催しようということになったのです。

親子で楽しむコンサートと言っても、クリスマス・コンサートは、子どもが中心の催しでした。ピアニストとバイオリニスト、声楽の方々の演奏も、子どもが喜ぶ楽しいクリスマスソングを中心に趣向がこらされ、そこに人形劇が加わり、最後はサンタクロースの登場となって、会場を埋めた二〇〇人余りの親子が存分に楽しめるものでした。

ところが、七月のジャズ・コンサートでは、思い切って大人に主軸を移してみてはどうかという提案がもちあがったのです。夏の夕べのひとときを、庭でビールを飲みながらジャズを楽しむという企画は、きっとお父さんやお母さん方に喜んでもらえることでしょう。私も楽しみにしていましたが、いざ企画の青写真が描かれはじめると、実行委員のなかに反対の声を上げる人が出たのです。「子ども不在の企画だ」というのです。

反対する人たちの理由は、主に次のようなことでした。「親が楽しむのはいいけれど、子どものことを忘れてジャズ演奏にのめりこむようなことがあったら、いったい子どもたちの安全は保障できるのか?」「ジャズは子ども向きの音楽ではない! 子どもが楽しめなかったら、どうするの?」「親支援と言っても、まず子どもありきでなくてはならないのではないか?」「保育の大切さを第一にすべきだ?!」といった意見でした。

親が大事? それとも子どもが大事?

こうしてジャズ・コンサートのあり方をめぐって、スタッフたちが互いにいろいろと頭と心を痛めている様子に、私は子育て支援者の戸惑いを、ここでも改めてみる思いがしました。第Ⅰ部でも述べたことですが、ファミリー・サポート・センターの提供会員さんが、あるいは講演会開催時の一時保育担当者が、そして、保育園の保育士さんが、日々、親支援に努力を傾けつつも、ここまで親を支援する必要があるのかという戸惑いの声を上げるのは、いつも「子どものため」なのです。「親が自分の時間をもって、リフレッシュしたり、自己実現したりすることもいいでしょう。でも、子どもにさみしい思いをさせてまですることなのでしょうか？」という迷いの声でした。言い換えれば、「親が大事？　それとも子どもが大事？」という問いに他ならないのですが、親の幸せと子の幸せが、なぜ二者択一的に論じられるのかと、むしろ、私は戸惑うのです。親がホッとする時間をもったり、充実感のある時間をもったりすることは、子どもと向きあったときに、いっそういとおしさを覚える余裕につながるものであり、そうした方向で支援が試みられることが必要ではないでしょうか。

もっとも、親といっても、さまざまな親がいることも事実です。自分の楽しみや時間を大事にすることが、結果的に気持ちまで子どもから離れることとなって、子どもが本当にさみしい気持ちを味わうという事例も、たしかにあると思います。でも、その親に口で説教して、子どもとの時間をもっと大事にするようにと言ったとしても、すぐに変化することを期待できるでしょうか。

たとえば、子どもの面倒をみるのはうっとうしいという理由で、仕事が休みの日でも、子どもを保育園に預けにくる親に対して、子どもを家でみるように仕向けたとしても、かえってイライラして、子どもにつらく当たることはないでしょうか。むしろ、保育園の方が楽しく過ごせるという子どももがいる場合もあります。親や家族の生活環境を細かく観察し、それぞれの事情に即した対応が求められているのではないかと思います。それはけっして親を甘やかすことでも、親の身勝手さに一方的に振り回されることでもありません。それこそ、子育て支援は「子どもの幸せのため」だからです。親に仕事を休んでいっしょに過ごすようにすすめるべきか、それとも親が休みであったとしても、保育園で過ごした方がいいのか、どちらの判断が妥当かは、ケース・バイ・ケースですが――。

こんなことを改めて思い出しながら、ジャズ・コンサートの行方に気をもんでいましたが、さてその結果は？　皆が率直にぶつかりあい、話しあった末、双方が譲歩したかたちでイベントは一応決着となりました。大人ムードのジャズ・コンサートを基調としつつも、子ども向けの曲もアレンジしたり、庭の片隅には、子どもが楽しめるような影絵やヨーヨーのコーナーを、室内には紙芝居のコーナーも設置したりしました。

もっとも、ジャズ・コンサートの発案者たちの話を聞くと、当初から子ども向けのお楽しみをまったく排除する考えはなかったのです。ただ、子育てひろばのイベントではあっても、たまには大人が主役で楽しめるイベントがあってもよいのではないかと考えたようです。結局、親がリフレッシュして、楽しく過ごせる夕べにというコンセプトを大事にしつつも、子どもが退屈した

ジャズの夕べ(2004年7月)

ら親も楽しめなくなるはずだというところに、議論は落ち着きどころを見出したのです。
当日、〈あい・ぽーと〉の庭は三〇〇人近い親子でにぎわいました。子ども向けのコーナーで楽しむ親子の姿もたくさん見られました。しかし、ひとたびジャズの演奏がはじまると、子どもたちは引きつけられるように聴き入り、騒ぐ子はほとんどいませんでした。お母さんやお父さんが楽しく聴き入る姿に、まるでシンクロナイズするような小さい子たちの姿が印象的でした。「今日はスカートをはいてきたんですよ。スカート姿で、夫とデートするなんて、何年ぶりかしら?」とうれしそうにはにかんでいたお母さんの姿も印象的でした。きっとその夜は、家に帰っても、優しいママとパパでいてくれたのではないでしょうか。
スタッフ、パートナー、そして、たくさんのボランティアの方々が加わって、〈あい・ぽーと〉初めての実行委員会形式で行ったイベントでしたが、お疲れ様会は喜びと安堵感に包まれていました。

親のニーズと子どもの幸せとのバランスを取る難しさ、そして大切さを考えさせられた一つの事業でした。

8　ユニークな支援プログラム

〈あい・ぽーと〉は子育てと家族支援の総合的な拠点となることをめざしていますが、具体的にどのようなプログラムを実施しているのでしょうか。さまざまなプログラムのなかから、本章では、とくに育児中の女性の自立と社会参加を支援することを目的とした講座について、そして、都心に暮らす親子、家族が緑とのふれあいを通して子育てを改めて見つめることを目的とする有機園芸の実践について紹介したいと思います。

子育て中だからこそ、子育て以外のことに目を

〈あい・ぽーと〉のひろば事業の特色の一つは、親、とくに母親のための学びと趣味の講座を大切にしていることです。

子育て中はとかく子育てや子どものことだけに関心が集中しがちです。新聞を読む時間もなかなかもてず、テレビやビデオもついつい子ども向けのものしか見ない生活になりがちです。そうして社会に起きている出来事への関心を失ってしまいかねません。私たちは社会的な存在なのです。いろいろな人にふれ、いろいろな生き方や考え方に刺激を受けながら、自分自身をみつめて生きていく緊張感と喜びが必要なのです。

子育ては、人としての営みのなかでも、とても重要なものの一つであることは異義のないことです。しかし、子育てだけに明け暮れて、それ以外の世界から目も心も閉ざすとなれば、子どものことも、子育てのすばらしさも、逆に見えなくなってしまいかねません。子育てに自分のすべてを注いだ結果、わが子のことしか見えなくなってしまい、やがて子どもの成長発達が自分の努力と犠牲の結果を示す通信簿と化してしまいかねないのです。発達的に考えても無理な要求や期待を寄せて、結果的に子どもを追いつめていく母親たち。それでいて、これが母性愛だと錯覚して、自らを見つめようとすることもできなくなっていく母親たちが少なくありません。

子育て講座——大切にしている三つのポイント

こうした状況に陥らないためにも、子育て中だからこそ、広い視野で自分や子育てを見つめることができるようなひとときをもってほしいと願って企画したのが、「施設長の子育て講座」です。

講座は毎月一回、午後に開催していますが、この講座で私なりに心がけている三つのポイントがあります。

その第一は、講座を受けるときは、お子さんは一時保育でお預かりして、お母さんにはひとりで参加していただくようにしていること。第二は、講座の間は、参加者の方々を「お母さん」とか「ママ」ではなく、「名前で」お呼びすること。第三は、子育てに関連したテーマを設定しつつも、話の内容に毎回、時事問題や歴史の視点を取り入れて、子育てを広い観点からとらえることができるようにすることです。

まず、第一の、一時保育を用意して、母親がひとりで受講できるような体制を整えることですが、最近は随分とあちこちで実施されるようになってきました。しかし、少しまえまで、私は講座や講演会の講師をお引き受けするときの条件として「戦ってきた」条件なのです。

まえにも書きましたが、母親が子どもを預けてまで学ぶとは何事かという考え方が根強かった時代が長くありました。仮に母親向けの講座や講演会が用意されても、赤ちゃんや子どもをひざの上に抱いて聞くのが、せいぜいでした。子どもから片時も離れないことが良い母親の条件のように考えられていたからでしょう。一時保育を準備しても、母親自身が子どもから離れようとしない場合もありました。こうしたなかで、あるときは赤ちゃんをひざの上に抱いた母親たち二〇〇人近くをまえに講演をしたこともあります。泣き出す赤ちゃん、あちこち歩きまわる子を追いかけまわす母親たちで、大浴場か運動会のグランドで講演をしているようでした。マイクのボリュームを最大限にしても、声が届きませんでした。

かつてはそんな光景を目の当たりにしても、母親を対象とした講演会や講座とは、こういうものだと達観している主催者が大半でした。母親が子連れで講演会や講座に参加できるだけでも良いことなのですからと、一時保育の必要性を認めようとしない主催者が少なくありませんでした。しかし、私にとってもっと哀しく思えたのは、講演会や講座とは言えないような状況で講演が終了しても母親たちは文句を言うこともなく、むしろ「先生のお話が聴けて、うれしかったです」という感想を寄せてくれたことでした。

いったん子どもを産んで母親となった女性を、日本社会は大人として扱わない傾向があることは本当に嘆かわしいことです。子連れ講座を当然視する主催者の考え方を改めてもらうために、私は講演をお受けするときは一時保育を付けることを条件として主催者にお願いしてきたのです。

もっとも、講座や講演会のすべてが子どもから離れることを徹底する必要はないでしょう。現に〈あい・ぽーと〉の子連れコンサートも、多くの方々に喜ばれています。しかし、ひとりで静かに講座を受け、考えをめぐらしたり学んだりする時間をお母さん方に提供する大切さも、依然として欠かせないのです。一時保育にお子さんを預けて受講することを、子育て講座の第一の基本条件としたのは、こうした経緯があったからです。当日の講座開催中の時間帯は、通常の一時保育を閉鎖して、定員二〇名の赤ちゃんや子どもたちをお預かりしています。

次に、第二の、講座参加者を名前でお呼びすることについても、私なりのこだわりがあってのことです。母親たちはどこに行っても、「〇〇ちゃんのお母さん」「ママ」と呼ばれます。あるいは「△△さんの奥さん」です。私は「お母さん」「ママ」という呼び方のトーンは好きです。そう呼ばれて、母親になったのだという喜びに浸ることが、私にもありました。

問題は、時と場所を超えて、「ママ」か「奥さん」としか呼ばれなくなることです。子どもがいっしょにいないときでも、場合によっては、初対面でその方に子どもがいるかどうかわからないときでも、一定年齢以上の女性を「そこのお母さん」「奥さん」と呼ぶのが日本社会の慣わしのようです。これでは女性にとって母親、妻以外の自分を確認することはなかなかできません。〈あい・ぽーと〉では、スタッフもＴＰＯに応じて、「お母さん」「ママ」という呼び方以外に、名前で呼ぶようにしています。

さて、第三点の、子育てを切り口として過去や未来に、ときには世界に及んで、子育てや自分

施設長の子育て講座

の生き方を考えていただくということですが、次のようなタイトルでお話をしてきました。

①子育てフリートーク（二〇〇三年一二月五日）
②三歳児神話ってほんと?（二〇〇四年一月二一日）
③男の子らしさ・女の子らしさって、なぁーに?（同年二月二五日）
④続・三歳児神話ってほんと?（同年三月一九日）
⑤親離れ・子離れを考える（同年四月一六日）
⑥夫婦で子育て（同年五月二一日）
⑦ほめ方・叱り方（同年六月二五日）
⑧テレビと子ども（同年七月二七日）
⑨早期教育って必要?（同年八月一八日）
⑩早期教育って必要?（同年九月一五日）
⑪Ｈａｎａｋｏ世代の母娘関係を考える（同年一〇月一八日）
⑫赤ちゃんの表情読みとれますか?（同年一一月一五日）

⑬夫との「ラブラブ度チェック」(同年一二月一〇日)
⑭三歳児神話ってほんと?(二〇〇五年一月一九日)
⑮子どもどうしのトラブル、親はどう対処する?!(同年二月一五日)

人気の高いテーマは「三歳児神話」

講座のタイトルを一覧すると気づかれることと思いますが、三歳児神話に関する講座が、この短期間に三回にわたって開催されています。なぜ同じタイトルで三回も開催するようになったのでしょうか。その事情は、毎月、会員向けに発行している「ひだまり通信」のなかの記事によくわかると思います。スタッフが毎月、講座の募集と講座終了後の報告を載せているものですが、少し引用してみます。

三歳児神話ってほんと?

(「ひだまり通信第六号二〇〇四年一月二五日発行」より)

去る一月二一日、大日向施設長による「三歳児神話」についての講座が開かれました。託児の定員二〇名は、すぐにいっぱいになってしまいましたが、その後も問い合わせが相次ぎ、関心の高さに驚きました。今後も同じテーマの講座を定期的に開催していきたいと思います。参加者アンケートからは、それぞれの立場でみなさん悩みを持ちながらも、講座を受けたことで、「自分の生き方に自信をもって子育てをしていけばだいじょうぶ」という前向きな姿勢を取り戻す様子が感じられました。

参加者アンケートより

○「三歳児神話」にこだわって、職場復帰を考えていたのですが、子育てに対して自分がどういう姿勢を子どもに見せていくかが大切だと思いました。育児に家庭に仕事にと、ひとりで悩むのではなく、周りを巻き込んで頑張っていこうと思いました。

○現在、妊娠中でこれから母親になります。不安もたくさんありますが、主婦業に専念するのでも、社会に復帰するのでも、パートナーとの協力や子どもと接する時間をどうゆったり過ごすかが大切なのだとわかりました。

○私自身、やはり三歳までは自分の手で育てたい、後悔しない子育てをしたいと思い、育児専念を選びました。日々、子育てしながら子どもからたくさんの感動をもらっています。今後職場復帰も考えており、本日のお話を聴いて安心しました。子育てをする上で一番大切な愛を子どもにたくさん与えて、子育てしていきたいと思います。

続「三歳児神話ってホント?」

（「ひだまり通信第八号二〇〇四年三月二五日発行」より）

「三歳児神話」についての講座は、二回目でしたが今回もたくさんのお申し込みをいただきました。この講座に毎回これほど多くの方が受講希望されているのは、現代でも多くのお母さんたちが三歳児神話にとらわれ、自分の子育ての仕方が子どもの将来を左右するのではと不安を抱えているためではないかと感じています。

受講者のみなさんは、真剣に話しに聞き入り、最後の質問タイムでも積極的に質問をしていました。講座終了後には、「三歳児神話」の本来の意味とそれがうまれてきた時代的背景を正しく知ったことにより、「母親ひとりが育児の責任をになう」考え方から解放され、明るい気持ちになれたようです。

受講者アンケートより

○五月に仕事復帰します。周りの人の「かわいそう」というような雑音が気になっていましたが、この講座での科学的データや先生のお話で自分の気持ちに自信がもてました。背中を押して欲しかったんです。百パーセント仕事、百パーセント育児……完璧は無理でも自分なりの合格点を目指したいと思います。

○今回、先生から「ひとりでがんじがらめにならずに色々な方の手を借りて、子育てしてほしい」と言われ、全くその通りだと痛感しています。三年前、初めての子育てを肩に力が入ったガチガチの状態で私ひとりで育ててきて、気がつけば出口の見えない迷路に入り込んでしまいました。今、やっとその迷路から抜け出して見えてきたものは、「子どもは親だけの力で育ってゆくものではない」という当たり前でも肩に力の入った時には気づけないことでした。これからは、子どもの育つ力を信じて一緒に歩いていけそうです。

最近は、女性のライフスタイルが多様化して、女性たちは結婚や子育てに必ずしも縛られない自由な生き方をめざしていると、よく言われています。それが晩婚化や未婚化となり、結果的に少子化を招いているという分析も、しばしば目にするところです。また、子どもを産んでからも、子どものことよりも自分の仕事や関心を優先する母親が多いことを嘆く人も少なくありません。

しかし、こうした指摘が必ずしも当たっていないことは、女子学生たちの話や母親となった女性たちの声を聞くたびに考えさせられるところです。仕事を継続したいと願っていても、子どもが生まれたら母親の自分が育児に専念しなくてはならないのではないかと考えて、子どもを産むことを躊躇する。しかし、実際に仕事を辞めて育児に専念すると、あまりの負担と社会から取り残されていく不安に追いつめられていく。その一方で働き続けた場合には、子どもにさみしい思いをさせているのではないか、将来、子どもにマイナスの影響を及ぼすのではないかと、不安におののく――これが多様な生き方ができる時代になったと言われている昨今の女性たちの現状なのです。

三歳児神話の講座にかけつけ、思いつめたような表情で聴き入る女性たちの顔を見ていると、女性が自分らしいライフスタイルを模索するまえに、立ちはだかっている壁が依然として厚いことを、改めて考えさせられます。

「三歳児神話」を吟味してみると

講座では、まず三歳児神話とは何か、どこに問題があるのかについてお話をしています。

三歳児神話とは「乳幼児期、とりわけ三歳までは母親が育児に専念すべきだ」という考えですが、この考えを神話と呼ぶのは、母親の愛情のみを強調して育児負担を増し、父親や広く社会の人々が育児に関わる必要性を認めないなど、育児に多くの弊害をもたらしているからです。

しかし、「三歳児神話」とひと言で言っても、すべて誤った考え方だと全面的に否定できないところもあることを、私は必ず付け加えています。そして、神話を構成する三つの内容を受講者の方といっしょに、慎重に吟味します。

その三つとは、第一に、小さいときが大切であるということ。第二に、大切な乳幼児期は母親の愛情が不可欠で、他の人では代われないという考え方。第三に、乳幼児期に母親が育児に専念しないと、子どもが将来に及んで心の傷を残す危険性が高い、という主張です。

この三つの内容のうち、けっして疎かにしてはいけないものがあります。それは第一の小さいときの大切さです。働いているか否かを問わず、母親になった女性たちを前にして、この点は、しっかりとお話しています。

乳幼児期は大切な時期ですが、そのうえでなぜかを考えることが重要です。乳幼児期の大切さは、他者から適切に愛される経験をもつことに他なりません。子どもたちは、愛されて初めて他者を信頼する心を育み、愛される自分に自信がもてるようになるのです。しかし、ここで大切な愛情とは子どもをいとおしく思う気持ちであり、子どもの育つ力を精一杯支えようとする責任感に裏付けられた温かな思いやりです。母親は無論ですが、父親やそれ以外の人々から豊かな愛情を注がれる経験が大切であることを強調しています。

こうした説明にうなずきつつも、母親たちは第三点について、気がかりを示します。母親が働くことが子どもにどんな影響を及ぼすのか、非行や犯罪の低年齢化が社会問題となっている昨今ですから、とりわけこの第三点に話が及ぶと、母親たちの眼差しに真剣さがいっそう加わります。

受講者のなかには、わざわざ午後だけ仕事を休んで、講座に参加する人もいます。来月育児休業が明けるけれど、本当に職場復帰をしても大丈夫か心配でたまらなくて、申し込んだという母親もいます。

この第三点については、内外の研究データをもとにして説明をしていますが、子どもの発達は専業主婦の母親の場合と働いている母親の場合のどちらが良いかなどと、単純に結論は出せないという結果になっています。母親が働いていても、子育てとのバランスをしっかり自覚し、夫や家族も協力を惜しまないこと、加えて日中、子どもが適切な保育環境におかれていれば、子どもの発達は母親が育児に専念している場合に比べて、むしろ良好だという結果が得られている一方で、夫や家族などの周囲の協力体制、日中の保育環境、仕事と家庭の両立を可能とする就労環境の整備等の条件整備が必要であることが示唆されています。

つまり、三歳児神話の問題は、単に女性だけが心を悩ますのではなく、家族の皆が、そして、社会全体が対処に当たることが必要であることを説明しています。折りしも行政府が次世代育成支援対策を推進しているところです。すべての自治体と、三〇一人以上の雇用労働者を抱えている企業が行動計画策定を求められている今、保育環境や働き方に対して、私たちも真剣に考え、声を届けるときであることもお話しています。

こういう話をしてもなお、子どもをおいて働くことに罪悪感をぬぐえない人もいます。古今東西、母親は育児に専念してきたのだから、それが子育ての本来のあり方なのではないのかと。そこで子育ての歴史に話を及ばすことになります。母親ひとりが育児に専念する子育てのあり方は近代以降の社会でつくられたことであって、日本社会では、戦後の高度経済成長期以降の現象にすぎないことを説明しています。第二次世界大戦後の日本社会が、朝鮮動乱を契機に、重工業主導型の経済発展を遂げた高度経済成長期以降、「男は仕事、女は家庭」という性別役割分業体制が成立し、以後、半世紀余りに及んで日本経済の維持発展のために機能してきたことは事実かもしれません。しかし、今は少子高齢社会に入り、女性の高学歴化や社会進出も当然とされ、男女がともに力を合わせて家庭生活も職場や社会生活も築いていく時代を迎えていることを伝えています。

女性の社会参加もいろいろ

子どもを産んで母親になった女性たちが社会参加をすることに躊躇しないでほしいと願っていますが、その参加のあり方は必ずしも働き続けることだけではありませんし、今すぐ再就職することを勧めるものでもありません。むしろ、一人ひとりが子どもや家族との関係を調整しながら、自分らしい社会参加を模索することが大切だと思います。そのために、ライフデザイン・フォーラムという講座も設けています。

たとえば、「仕事？ 地域？――これからの私」と題した講座では、フリージャーナリストの方が、新聞記者時代に実施した就学前の子どもをもつ一〇〇〇人の母親へのアンケート結果をもとにお話をしてくださいました。「これからの私」という課題を正面から見据えた母親たちのさまざまな思いや体験は、共感できるものが少なくなかったことと思います。子どものいる暮らしの意味を見つめつつ、自分らしく生きるとはどういうことかを、それぞれの生活に合わせて考えていただくことを願っての企画でした。

また、「女性の年金と生き方・働き方」という講座も開きました。ファイナンシャル・プランナーとしてライフプラン相談に携わっている方に講師を務めていただきましたが、この講座の趣旨は、次の講座募集案内に読み取っていただけることと思います。

＊女性は専業で子育てをしていた方が、家計のためには得なはずだけど？
＊今の年金掛け金は高すぎて……。働くなら扶養控除の範囲内で働いた方が得だし、夫が私の分も払ってくれているんだから、そのほうがいいわ。

＊夫に万が一のことがあったとき、私や子どもはどうなるの？
＊将来のことよりも今の生活が大事。どうなるかわからない年金制度に今お金を払うのはちょっと……。

これまでの年金制度を根底で支えてきた価値観や家族の形は、明らかに変化しています。今、年金制度のあらたな形が求められ急激な改革の途上にありますが、上記のような年金制度に対する理解のしかたは正しいのでしょうか？　わからないこともたくさんありますね。変化のキーワードは、「少子高齢化」と「個人の生き方・働き方の多様化」であり、年金制度も社会の姿も、今まで以上に女性一人ひとりの生き方と深くかかわっていくことになります。**子育て中は自分のことを後回しにしてしまいがちですが、自分自身の将来の生き方・働き方について、複雑な年金制度を理解しながら、選択肢を広げてみませんか。**

こうして、いわゆるお勉強的な要素の強い講座のほかに、趣味の講座もいろいろと企画しています。母親たちが楽しみながら、子育てからちょっと離れて自分の時間をもつすごし方を経験して欲しいと考えた企画ですが、たとえば、ビーズ教室やデッサン教室、季節ごとのフラワー・アレンジメントなどを開催しています。ビーズ教室やデッサン教室では、技術を持った女性が講師として活躍する場の提供ともなっています。

フラワー・アレンジメントは、恵泉フラワースクールから講師を招いての本格的な講座ですが、クリスマスやひな祭り用のお花を一心不乱に活けている母親たちの頬が、ばら色に染まっていく姿が印象的です。同じ素材を用いて、同じ指導を受けながら、できあがったお花は、一人ひとり異なって、非常に個性的なことに驚かされます。こんなに個性豊かな女性たちが、「お母さん」「ママ」という呼び名のもとに、ひとくくりにして扱われる不自然さを改めて思うのです。

フラワー・アレンジメント教室

有機園芸を通して

〈あい・ぽーと〉は、東京の青山という、おしゃれなビルやカフェ、レストランが林立する都心にありますが、元幼稚園の施設を使っていますので、ありがたいことに庭があります。その園庭で本格的な有機園芸を親子で楽しむ企画「キッズ交流ガーデン」を実施しています。

この事業は、港区と〈あい・ぽーと〉、そして恵泉女学園大学との三者の協同事業としてスタートしました。恵泉女学園大学は園芸教育で歴史が長く、とくに有機農法で教育機関として最初に改正ＪＡＳ法の認定を受けています。直接指導にあたっているのは恵泉女学園大学で私と同僚の澤登早苗先生です。肥料はコーヒーカスを混入させた牛糞を八王子の磯沼ミルクファームから、鶏糞は黒富士農場の協力を得て搬入するなど、実に本格的な有機栽培が行われています。

コースは一年を通して、「じゃがいもコース」(四月中旬～七月上旬)、「さといもコース」(五月中旬～一〇月初旬)、「冬野菜コース(白菜・大根・ほうれん草・ラディッシュ・こかぶ・青梗菜《チンゲンサイ》など)」(一〇月初旬～一月中旬)と、多種多様です。

参加者は港区報で公募していますが、各コースとも、募集開始から半日ほどで参加者の枠が埋まってしまうほどの人気事業です。都会の人々がいかに自然とのふれあいを求めているかを毎回、実感させられます。

と言っても、一家族に与えられるスペースは、六〇センチ×七〇センチ。まさにネコの額ほどの広さです。開始するまえは、「こんな狭いところ?!」と不満が出るのではないかと、正直、不安でした。ところが、不満の声はまったくあがりません。親子で肩寄せあって土を耕していると、狭さも忘れさせる何かがあるのでしょうか。慣れない作業に、はじめは固い表情でのぞんでいる親子が、土が軟らかくなるとともに表情も軟らかく変わっていく様子が見られます。土がもつ力でしょうか。

土づくりは基本的生活習慣と同じ

コースの初めにまず大切にしていることは、土づくりです。

移植ゴテを手に、石ころや枯れ枝を取り除く作業からはじまります。土が軟らかく整えられると、その次に、肥料を混ぜます。この手順について、澤登先生は子どもに向けて、こんな説明をします。「みんなも寝るときは気持ちいいお布団で寝たいでしょう。じゃがいもの種さんも同じ。ふかふかの気持ちいいベッドをつくってあげてくださいね。ベッドの次に大切なものは何かしら？ そう、ご飯です。おいもが大きくなるように、ご飯を土に混ぜてあげましょう」と言って、牛糞や鶏糞を手渡します。

この説明を聞きながら、子育てで大切にすべき基本と園芸の基本とが、なんと一致していることかと思います。子どもとの関係で親が大切にすべきことは何かとよく尋ねられますが、そのたびに私は「寝ること」、「食べること」、そして「お風呂」です、と答えています。

食べることは人間の楽しみの基本です。栄養摂取という目的に加えて、親子でゆっくり楽しみながら食事のひとときをすごすとき、子どもはいろんな表情を見せてくれます。言葉が発達してくれば、一日にあったあれやこれやを話題にします。子どもの心身の状態は、何よりも正直に食欲に現れます。また、入浴も肌と肌でふれあう大切なひとときです。体を洗ってやっているときに、思いがけないところにできているあざを発見して、いじめにあっていることに気づいたという例もあります。

幼稚園や保育園、小学校と集団生活をするようになると、ストレスをためたり、つらい経験をすることもあります。食事や入浴、そして、布団に入るときは、心も体もリラックスして、無防備になるときです。そのときに、心休まる環境を整えてあげることで、子どもは安心して育っていくことができます。ときには子どもが発しているSOSを最もキャッチしやすいのも、この三つのときと言えるのではないでしょうか。

園芸のスタートの土づくりも、ふかふかのベッドをこしらえて、おいしいご飯をあげること。それは子育ての基本と同じです。

水やりの極意は子どもに注ぐ愛情と同じ

作物が育つために土づくりの次に大切なことは、水やりです。一般的に種子をまいたり苗を植えるときは、初めにたっぷりと水をやることが大切です。

この最初の水やりを見ていると、半端な量ではありません。バケツに何倍も与えます。まだやるの？　と驚くほどの水を与えますが、不思議なことに、あげるそばから土は水をどんどん吸収していきます。

「最初はたっぷりあげてください。気まぐれにちょこちょこ水をやるのはかえってよくありませんからね」と澤登先生。十分な量の水を与えると、貪欲なまでに土は水を吸収していきます。たっぷりと与えた水は、地面の下でしっかりとたまり、その水を求めて、根は下の方にぐんぐんのびていくというのです。最初にたっぷりと充分な水を与えてやりさえすれば、根は自分の力で地面の下に向かってのびていく生命力をもっているということでしょう。気まぐれに少しずつ水やりをすると、土の表面の水を求めて、根が地表近くに上がってきてしまったり、水や空気が通りにくい土をつくってしまう危険性もあるからだということです。

この水やりの心もまた、子どもに注ぐ愛情と通じるものがあると考えさせられます。子どもが育っていく過程では、とくに乳幼児期にはたっぷりと愛情が注がれることが不可欠です。適切な愛情が十分に注がれることで、子どもは他者を信頼する心を育み、愛される自分を信ずることができるのです。根が地下の水を求めて自分の力でのびていくように、子どもも人生の初期に豊かで適切な愛情に恵まれることで、育つ力を発揮できるのではないでしょうか。親が気分次第で愛情を小出しにするやり方は、ちょこちょこ水を与えて、根腐れを起こすのと同じです。

もっとも、種子や苗付けのときは、このように初めにたっぷりと水やりが必要ですが、じゃがいもやさといもなどの芋類を植えたときは、とくに水をやらなくても大丈夫とのこと。もともと種芋のなかに芽を出すために必要な水が含まれているので、あとは自然の雨だけで足りるからです。作物が芽を出すために水が必要なことは共通ですが、その量や与え方は対象の特性に応じて異なる面があるということも、興味深いことです。子どもの健やかな成長に愛情は不可欠。でも、受け手の子どもの個性もしっかりと見極める大切さを教わったような気がします。

育たない命もある!

さて、「じゃがいもコース」からスタートし、初回は土づくり作業に汗を流し、大学から運ばれた種芋の植え付けを実施して、万全の策をとった有機栽培でしたが、作付け後のフォローのために一か月後に集まった参加者の前で、意外な光景が展開されました。順調に発芽して、ふさふさと緑を風になびかせている区画が多いなかで、発芽の気配もない区画がいくつか見られたのです。掘り起こしてみると、種芋が腐っているではありませんか。その区画の親子はがっかりするのも当然です。どうしたものかと、私はヒヤヒヤしました。ところが、「同じように心を尽くして種芋を植えても、育たない命もあるのよ」と、先生はさりげなく言います。どんなに種芋を厳選し、万全を尽くしても、土の具合や日の当たり方によっては、発芽することなく土中で朽ちることもある、それが自然界の掟なのです。

現代は医学の進歩の恩恵を受けて、妊娠すれば生まれて当たり前、生まれた子どもは健康に順調に育って当たり前、という考え方に私たちは慣れすぎているのではないでしょうか。命が育つ厳しさを再確認する必要があることに気づかされた一言でした。

しかし、その一言ですませたわけではありません。がっかりしている子どもたちにいちごの苗をプレゼントしてくれました。歓声が園庭に響き渡ったことは言うまでもありません。

芽を出さない区画に命が育つ厳しさを教えられる貴重な経験をした参加者ですが、大切なのはその後のフォローだと思います。なぜ？と原因を考えて、同じ過ちを繰り返さないように反省と工夫の時間は欠かせません。まさに失敗は成功の母です。そのうえで、どうしようもない、不可抗力ともいうべき事態もあります。そのときは、いつまでもくよくよしないで、さらりと忘れ、次のステップに進むことも、自然の摂理を受け入れる知恵なのでしょう。いちごの苗に歓声をあげる子どもとその親を見て、こんなことを考えました。

キーワードは共生

①植えどき、育ちどき

キッズ交流ガーデンには、作物だけでなく、いろんな虫もいます。白菜の葉っぱには虫が食べた跡がくっきりと残っています。それでも農薬はいっさい使用しない方針が貫かれています。ここには二つの理由があります。まず、一つは虫や鳥が作物を食べても、その糞や死骸が土に還って、土を豊かにするという連鎖を大切にするため。もう一つは、作物に適した時期を選ぶことと、多種多様な作物を植えておくこと、この二つを守っていれば、成育を妨げるほど大量の害虫は発生しないから、というのがポリシーです。

野菜に季節感が無くなって久しくなりますが、農薬の使用頻度が増したことと無関係ではないでしょう。本来寒い時期に食べる野菜を、無理をして夏場に栽培すれば、虫がたくさんついてしまい、それを防ぐために農薬を使うという悪循環が行われているのです。

このことは野菜の栽培に限りません。類似の現象が子育てにおいても見られることに愕然とします。発達段階からみて無理な要求を親が子どもに向け、塾やお稽古事などに駆りたてる早期教育の現象に昨今、拍車がかかっています。子どもたちの成長にさまざまな異変が伝えられていま

キッズ交流ガーデン

澤登早苗先生

すが、発達の時期の適切性を見失った子育てをしているつけが、その一因と言えるのではないでしょうか。

②多様性とバランス

有機園芸コーナーは、狭いながら三つの区分けが設けられていますが、その中の一つのコーナーは、いろいろな種類の作物が混在して植えられています。たった一種類だけしか植えられていないと、たとえばアブラムシが発生したとき、全滅してしまうからです。アブラムシが食べる作物がなければ、本来であればアブラムシがつかない作物まで被害が及ぶからです。多種多様な作物がいっしょに植えられていれば、アブラムシの大量発生による全滅は避けられるというのが農業の知恵だというわけです。

これもまた子育てに通じる考え方であると言えましょう。子どもたちがすごす保育園・幼稚園・学校、あるいは家庭で、仮にたった一つの価値観が強制されるとしたら、どうなるでしょうか。子どもたちの多様な個性が認められず、排除される結果を招くのではないでしょうか。

また、農薬や化学肥料を使わない有機栽培では、土の中に無数の微生物やミミズが発生しますが、それが空気と水と養分を適度に含んだスポンジのような良質な土にしてくれるということです。こうして「大きい生き物も、小さい虫も、強いものも、弱いものも、みんなそれぞれに生きる場があってバランスがとれている」ことを大切にする有機栽培の基本理念は、子どもが育つ環境においてもまた大切にしたい理念ではないでしょうか。

土が育つには時間がかかる

こうして、キッズ交流ガーデンもオープン以来、二年目を迎えて順調に運営されていますが、収穫された作物の出来映えは、残念ながら大学の農園で栽培されたものに比べると、いささか見劣りします。「土も肥料も厳選し、手間隙かけているのになぜ?」という私の疑問に、「土壌が育つには時間がかかるんです」と澤登先生。

時間も手間もかけて、見守る。しかも、その結果のなかには、どんなに手間隙かけても思いどおりにならないこともある。それもすべて受け入れて、いとおしむ――これが有機栽培であり、子育てなのではないでしょうか。畑で手を動かし、体を動かし、汗を流しながら、子育てに必要な心構えを親が体得していく様子にふれ、作物を育てることは子育ての極意につながることを実感しています。この企画は、恵泉女学園大学で「園芸と人間形成」という科目の設置につながり、学生にとっても、親になることや子育て支援への学びの機会となっています。

9　反響、そして、これから

〈あい・ぽーと〉は二〇〇三年の九月にスタートして、一年半になりました。この間、親子、地域の方々とともにふれあい、子育ての苦楽を分かちあい、さまざまな学びあいを通して、互いに支えあい、育ちあうことをめざしてきました。たくさんの親子、家族に喜んで利用していただいたことが、何よりもうれしいことでした。延べ利用人数は二万五〇〇〇人余り（二〇〇五年一月末）、会員数は二〇〇〇人余りとなっています。

こうした歩みをもとに、〈あい・ぽーと〉はさらに大きく育っていきたいと考えています。親の生活も地域の実情も、日々、変わっていきます。子どもと家族に寄り添いながら、地域の子育て支援・家族支援の拠点となることをめざした〈あい・ぽーと〉のこれまでを、利用者の声などを交えて振り返りつつ、今後の展開につなげていきたいと思います。

盛りだくさんのひろば事業

ひろばは、〈あい・ぽーと〉の主要事業の一つとして、これまでさまざまな企画を実施してきました。一月には「お正月あそびウィーク」、三月には都会の子どもたちに動物とふれあう機会をもってもらうための「動物ふれあい村」、四月には新しい会員を増やす目的のウェルカム・イベントとして「シャボン玉ショー」を、さらに「ひな祭りコンサート」(三月)、「ジャズの夕べ」(七月)、「クリスマス・コンサート」(一二月)と、季節ごとのコンサートを親子で楽しむ企画も実施してきました。壊れたおもちゃの修理をしてもらう「おもちゃ病院」も定期的に開いています。さまざまな学習講座の開催にも力を注いできたことは、前章で述べたとおりです。

〈あい・ぽーと〉はややイベントに偏っているのではないかと思われる方もいることでしょう。しかし、子育て支援をかたちにして具体化していくとなると、地域性が大きくかかわってくるように思います。〈あい・ぽーと〉は都心の港区南青山にあります。地下鉄銀座線外苑前駅から徒歩二、三分、国道246号線からちょっとなかに入った閑静な場所にありますので、身軽に動ける健康な大人の感覚からすれば、非常に便の良い立地なのですが、ベビーカーを押して、地下鉄や電車を乗り継いでくる親子連れにとっては、朝の家事を終えてそのまま下駄履き感覚で気軽に駆けつけられる場所ではありません。ちょっとよそ行きのお出かけ気分で来る人が、とくに初回の

わいわいタイム

コーラスタイム

赤ちゃんタイム

庭で楽しむランチタイム

利用者のなかにはたくさんいます。〈あい・ぽーと〉に行ってみようかなと動機づけられるためにも、多彩なプログラムを充実させることを心がけてきました。

こうしたひろばに通う利用者からは、こんなお手紙をいただくようになりました。

「……子どもと二人きりで、息のつまるような毎日を過ごしていたので、初めて〈あい・ぽーと〉に行った日の、なんてきれいところなんだろうという、ホッとした感激は忘れられません。それからはほとんど毎日のように遊びに行くようになりました。

スタッフの方々が、いつも声をかけてくださるので、子どもは信頼して、安心して遊ぶことができます。託児のお子様を見ているときも、園庭でいつもいっしょに遊んでくださり、ありがとうございます。

毎朝、子どもは「今日、どこ行くの？」と聞いてきます。「〈あい・ぽーと〉よ」と答えると、大喜びで出かけるまで、「早く、早く」とさわいでいます。

この一年でたくさんの思い出に残る体験をさせていただきました。うさぎを抱っこしたり、シャボン玉ショーをみたり、工作をしたり。お誕生会は特に嬉しかったようで、家でもよくお誕生会ごっこをしています。土に触れたこと、小さな虫やカエルまでなでてしまいました。野菜の実るのをみることができたこと、数えきれません。何より良かったのは、親も子どもも友達がたくさんできたことです。」

その他にも、「子育てに悩んでいるのが私ひとりではないと知って気が楽になったら、子どものことも、今まで以上にかわいく思えるようになった」「二人目を産む自信がついた」「子育て中にもこんなに豊かな学びができてうれしい」「子育てのポイントがわかったような気がする」「夫婦や家族について考えるきっかけができた」等の声がたくさん寄せられています。

学習講座の受講者から「家に帰ったとき、夫と会話がはずんでいる自分を発見して驚きました」という感想をいただいたときには、とてもうれしく思いました。久しぶりに名前で呼ばれ、時事問題などを考えるひとときをもてたことで、以前、職場で働いていたときの感覚が呼び覚まされたそうです。自分自身のこれからの生き方に見通しをもとうと心がけるようになって、かえって子育て中の今の時間のかけがえのなさに気づいたという声もありました。

ピア・カウンセリング的機能の充実

さて、こうした活動を絶やすことなく、さらに今後のひろばのあり方としていっそうの充実が求められているのは、相談機能です。

〈あい・ぽーと〉の利用者は〇～二歳児とその親が大半です。この年齢の子どもをもつ親、とくに母親で、育児の不安や悩みと無縁で過ごしている人はいないと言っても過言ではありません。どんなささいなことでも、気軽に相談できる場が必要です。また実は深い問題を抱えながら、気づかずに過ごしていて、別のかたちで問題が現れることもあります。ひろばは事改めて相談を受けにいこうという場所ではありません。子連れで遊びにくる親子を対象として、さまざまなレベルの悩みを自然なかたちですくい上げるようなシステムづくりを充実していくことが必要だと思います。

「育児で悩んでいるのは、自分だけではなかった。発達がおくれていると思っていたけれど、他の子とそんなに変わらなかった」という確認作業ができるだけで、子育ての悩みや不安が解消されていくケースはたくさんあります。子どもの年齢や母親としておかれている環境が似ている者どうしであるからこそわかりあえるし、アドバイスにも素直にうなずけることでしょう。ひろばはこうしたピア・カウンセリング的な機能が発揮される場所として最適です。

しかし、最近の若い母親たちは、気軽に声をかけあうことが苦手な人が少なくありません。赤ちゃんや子どもといっしょに楽しめるプログラムなどに参加し、雰囲気にうちとけて、それから互いにお話ができるというようなステップが必要とされています。これまでひろばでは、曜日を決めて、コーラス・タイムや赤ちゃん体操、手遊び、わらべ歌を楽しむ集いをもってきましたが、こうした場が最初の声かけのきっかけとなっているようです。今後も日々のひろばのなかに、自然なかたちでこうした活動を盛り込んでいきたいと思います。

しかし、どこの世界でもそうですが、立場が類似した者どうしの関係は、視野が狭くなって、悩みが袋小路に入ってしまう危険性もあります。年齢や立場が異なる人がかかわることで、大所高所から問題を見つめることができる機会を用意することも、ひろばのなかでは必要でしょう。

現在、子育てが一段落した方が時折、高校生になられた娘さんを連れていっしょにひろばに入り、ボランティアとして若いお母さん方を見守ってくださっています。お孫さんを連れておばあちゃまやおじいちゃまもいらしています。若い母親や子どもたちが年配の方とふれあう光景を見ていると、とてもほほえましいものです。赤ちゃんを介して会話がはじまり、何気ない言葉のやりとりのなかから、若い母親たちは人生の先輩の生活の智恵をいただいたり、年配世代は若い世代の知識や生活のやりくりに感心したりしています。嫁姑の関係だと、素直に受け入れ難いことも、地域の若いママとシニア世代という関係になると、楽しく会話がはずむこともあるのでしょう。

こうして若い親世代と中高年世代との交流が進むことは、子どもが地域の人々に見守られながら育つ環境づくりにとっても、とても大切なことです。今後、こうした子育てが一段落した世代やシニア世代との交流の機会を増やしていく工夫も、積極的にすすめていきたいと考えています。

スタッフへの相談、専門相談へとつなげるシステムづくりを

悩みの種類や内容によっては、専門的なアドバイスが必要な場合があります。しかし、そのことに親自身が気づいていなかったり、気づいていても、どこに相談にいったらよいのかわからなくて頭を抱え込んでしまうケースもあります。〈あい・ぽーと〉では二段階の対応を心がけてきました。

カウンセリング・ルーム

第一段階は、毎月のすくすく成長記録の会「わかば」です。身長や体重を測定して、子どもの発達をカードに残すという会ですが、スタッフの測定の仕方を見ていると、ときどきアバウトな測り方をしていることがあります。赤ちゃんは測定器の上にまっすぐに寝てくれなかったり、足をまっすぐに伸ばさないことがあるからです。でも、それでいいのだと私は思っています。「わかば」に来るお母さんたちは、子どもの身長や体重の正確な数値を知ることよりも、スタッフとの会話を楽しみにしている様子が見られるからです。一対一でスタッフが対応するなかで、子どものことについての気がかりなこと、ときには家族関係の悩みなども話しているようです。

テレビで自閉症をテーマとした特集番組が放映された翌日は、この子は自閉症ではないかという悩みを打ち明ける母親もいたそうです。番組のなかで、水遊びが好きな自閉症児が登場したことが原因だったようです。小さい子どもは水遊びが好きで、台所や洗面台の蛇口から離れたがらない時期があるものですが、たまたま見たテレビに不安を駆りたてられたのでしょう。いつもひろばにきて遊んでいる子どもの様子を見ているベテランの保育士の「大丈夫ですよ」というひと言が貴重な救いとなったことと思います。さまざまな情報が届けられる昨今だからこそ、親のもとに届けられる情報を目の前の子どもに当てはめて再解釈する手助けが必要なのです。

こうした機会を捉えながら、より専門的な対応が必要だとスタッフが判断したときには、専門相談へつなげてくれます。専門相談はこれまでは主に私が対応してきましたが、区内の専門機関、そして、ＮＰＯ法人「あい・ぽーとステーション」の理事さんとそのネットワークを活用したシステムづくりを急いでいるところです。

一時保育の利用は増加の一途

これまでも繰り返し述べてきましたが、〈あい・ぽーと〉の一時保育は、理由を問わず預かることを特色としてきました。親のニーズや都合に最大限応えることを大事にしつつも、一方で、親から離れて、慣れない場所で過ごす小さな子どもの心と体を守ることも、同じくらいに大事にしてきました。そのために、保育にあたっているのは全員が保育士資格をもつ人です。

利用の理由はさまざまです。きょうだいの学校や園の行事に参加するために下の子を預ける人、冠婚葬祭、親自身の病気、美容院や歯の治療、再就職や勉強等々。もちろん、買い物や食事を楽しむなどのリフレッシュにも利用され喜ばれています。

先日も、夜の六時から八時三〇分まで三歳の男の子が過ごしていきましたが、連れてきたのはママ、お迎えはパパでした。「ママは?」と尋ねた子どもにパパは、「ママは会社のお友だちとおいしいものを食べているんだよ」と答え、「たまにはこういうのもいいですよね」と私の方を振り向いて、笑いながら子どもの手を引いて帰っていきました。なんと自然で温かな父と子の姿だったことでしょう。

しかし、利用の理由で一番多いのは仕事です。もっとも、仕事といっても預ける時間数や時間帯はさまざまです。雑誌のフリーライターをしていて、取材があるときに預ける人や、自営業で週一～二日、夫の職場で数時間働いている人などは、通常の保育園に入所する条件には該当しない働き方です。また「再就職準備」という理由も、目立ちます。夏期は資格取得のための連続講座受講者の利用が数件ありました。女性の社会参加、再就職活動に利用されるなど、一時保育を利用する理由も多岐にわたっていると言えましょう。

なかには、博士論文を執筆するために利用した母親もいます。私も、大学院の博士課程のときに長女を産み、次女の出産をへて、十余年をかけて博士論文を執筆しましたが、当時をなつかしく思い出しながら、そのお母さんを支援したいという思いがいっそう募ったことでした。

こうした一時保育に寄せられるニーズの多様さを見ると、従前のいわゆる保育所入所基準の「保育に欠ける」条件に該当しないところで、一時保育を求めている親がいかに多いかということがわかります。

子どもから離れるハードルは依然として高い

理由を問わず子どもを預かる一時保育を実施してみて、改めて思うことは、母親たちはけっして安易に子どもから離れようとはしないということです。むしろ、預けるまでにいろいろと迷い、躊躇しています。〈あい・ぽーと〉はひろば事業と一時保育を併設しますが、一時保育の様子を見て、こんなに大事に子どもを扱ってくれるのなら預けても大丈夫だと思ったと、申し込みに至るまでの胸の内を打ち明ける母親に何度も出会いました。

あるとき、二時間の保育を申し込んだ母親がいました。彼女の預ける理由は「用事」でしたが、約束の時間よりも少し早めに迎えにきて、最初に発した言葉は「泣いていませんでしたか？」でした。保育士に抱かれてニコニコしているわが子を見て張りつめていた緊張が一気にほぐれたのでしょう。「実は……」と打ち明けてくれたところによると、このところ赤ちゃんの世話に追われて、心身ともにとてもきつくなっていたそうです。「この子が生まれてきてくれたことはとっても感謝しているし、かわいく思っているのに、育児がつらくて、ときどき手をあげそうになる自分が怖くて仕方がなかった」と。苦しい胸の内を思い切って夫に打ち明けたところ、〈あい・ぽーと〉に預けてみたらどうかと言われ、一時保育を利用したそうです。ところが、いざ離れてみると、子どものかわいい顔しか浮かばなくて、そんな心境になるとは想像もしていなかったそうです。会いたくて仕方がなくなって駆けつけたところ、家では見たこともなかったようなわが子の笑顔に迎えられて、思わず涙ぐんでしまったというわけです。「お母さんひとりで、すべてを抱え込まないでくださいね。いっしょに子育てをしていきましょうね」と、スタッフも言葉をかけていました。

このように、育児につらい思いをしながらも、子どもから離れることにためらいを覚えている母親が大半ですが、預けることを安易に考えたり、急ぎすぎているように思われる母親がたまにいることもたしかです。「初めて利用するのですが、今からでも預かってもらえますか」という電話がかかってくることがあります。事情によっては考慮することもありますが、原則として「あおば」を利用する際は、事前に〈あい・ぽーと〉に来ていただき、会員登録をすませることをお願いしています。会員登録の際には、スタッフが〈あい・ぽーと〉の理念を説明し、館内を案内するなど、最低でも三〇分以上の時間をかけてご案内をしています。親が〈あい・ぽーと〉を理解し、信頼してくれることが、安心して子どもから離れることができる大切なステップだからです。また、できるだけひろばなどで子どもといっしょに遊んでいってもらうこともおすすめしています。部屋の雰囲気やおもちゃに子どもが慣れることも大切です。

子どもを預けて自分の時間をもつことに親が無用な罪悪感を覚える必要はありませんが、親から離れる子どもの不安や恐怖をできうる限り減らす努力をすることは、親にとっても、預かる側にとっても、欠いてはいけない大切な心構えだと思います。「子どもを荷物みたいに簡単に預けていく」ことを心配したり批判したりするまえに、そうさせないような対策を打つことも必要ではないかと思います。

〈あい・ぽーと〉の一時保育は、預かる時間も子どもの年齢も、実に多様です。初めて預けられる子は、お迎えにくる他の親を見て、泣き出すこともしばしばです。子どもが安心して過ごせる場となるために、時と場合によって、廊下側の窓の半分に目隠し的なレースカーテンをつけることもあります。

しかし、原則は〈あい・ぽーと〉の保育はどこから、誰にみられても、いいような保育を心がけること。つまり「ガラス張り」保育を心がけていることです。その結果が、〈あい・ぽーと〉の一時保育に対して親が信頼感をもつことにつながると考えるからです。

若い母親たちにとっても、保育士さんたちの様子を身近に見る機会は、子どもとの接し方を学ぶ良いモデルとなることでしょう。母親から離れても平気で、比較的手のかからない子がいる一方で、際限なく泣きつづける子もいます。そういう赤ちゃんをおんぶしながら、一時間近くも庭の隅を静かに行き来する保育士さんの姿を、離れたところからじっと見つめている母親が時折います。夜泣きなどで苦労している母親なのでしょうか。耳元で泣きつづける子どもを背負いながら、ゆったりとしたリズムであやしている保育士の姿から、きっと何かを得てくれているのではないかと思っています。

一時保育を利用した方からのメールを一つご紹介しましょう。

「子どもは九月から○○市の認可保育園に入園することになりました。入園にあたって不安も心配もたくさんありますが、それでも預けることを決心できたのは、〈あい・ぽーと〉の存在があったからのように思います。……子どもが私以外の人とでも、幸せな時間を過ごせるんだということを知ることができたからでしょうね。もしも、信頼できるところで預かってもらえたという経験がなければ、仕事に本腰を入れることをもっと躊躇していただろうし、またこの一年、細々とでも仕事を続けていくことができなかったと思います。」

パチンコをするためだって、受け入れます?!

こうしてリフレッシュ保育の利用が広がってきていることを話すと、必ずといっていいほど寄せられる質問があります。「だったら、パチンコに行くからと言う人の利用も受けるのですか?」。スタッフに確認したところ、これまでの申し込み理由にはパチンコはないとのことです。「もし、そういう理由の申し込みがあったら、どうしますか?」とスタッフ会議の席上で尋ねる私に、スタッフからは「もちろん、受けますよ」との答えが返ってきました。

もっとも、その理由は人によって微妙な違いがありました。「もし、うちで断ったら、子どもはどうなるのでしょう。車のなかに置き去りにするかもしれません。そういう事故が後を絶たないことを考えれば、子どものためにも受ける必要があると思う」という人。「美容院に行くのは

OKなのに、パチンコはなぜだめなのですか？　リフレッシュに優劣をつける発想が、そもそもいけないと思う」「パチンコに行くことがいい悪いよりも、そのために、きちんと一時保育の申し込みをし、費用を払って、子どもにとって適切な環境を用意しようとしていることは、評価すべきではないでしょうか」等々。

こうした言葉が、どこまで本心なのかと、疑問に思う方もいることでしょう。「あおば」の部屋も、いつもゆったりと平和な時間が流れているとは限りません。気性が激しくて、何をしても泣きやまない子がいたり、聞き分けのない、暴れん坊さんに振り回されたりする日もあります。預かったときには元気だったのに途中で発熱して、対応に神経を使わなくてはならない子も、ときにはいます。こうして心身ともに磨りへるような保育をしているときでも、「パチンコに行くから預かって」という母親がいたら、はたして心からの笑顔で受け入れることができるかどうか、まったく疑問がないといえば嘘になります。でも大切なことは、揺れながらも、理念を見失ってはならないということです。

理念をいつも再確認する必要性を痛感するのは、預かる理由も時間もまちまちな子どもを随時受け入れる保育は、なかなかつらい仕事となりがちだからです。通常、保育士は保育園で、担任や副担任としてクラスを受け持ちながら保育にあたっています。一年を通して、子どもたちの成長発達の様子を間近に見守る喜びこそ、保育の醍醐味とも言えるでしょう。しかしながら、〈あい・ぽーと〉の一時保育ではそれはかないません。入れ替わり立ち替わり新しい子を受け入れていきます。気質や行動特徴、家庭での暮らしぶりなど、十分に把握しきれていない子どもを、しかも二か月から就学前までの年齢幅をいちどきに保育する気苦労はいかばかりかと、そばで見ていても一番気がかりな点です。子どもの様子が前回預かったときと今回では、こんなにも成長のあとを見ることができたとか、たまたま何回か同じ時に預かった子どもどうしが、こういうふうにお互いを意識しながら遊べたとか、リピーターの子どもたちの様子を語りあう保育士さんたちの楽しげな会話を耳にするたびに、かえって一時保育ニーズに応える日ごろの大変さがしのばれます。

こういうときこそ、〈あい・ぽーと〉の一時保育の理念の再確認が必要なのです。一時保育に追われて一日が過ぎていった日などふと、疲労困憊すると、正直に胸の内を吐露する人もいます。それでも「親の笑顔は子どもの笑顔につながる。一時保育を利用して良かったと思ってもらうためにも、〈あい・ぽーと〉にいる間の子どもたちが、幸せな時間を過ごせるように力を尽くそう」と声をかけあっています。

迷ったり、揺れたりしながらも、子育て支援の意義や理念を自分の言葉として語ることができるように、スタッフには常に学びあう姿勢を忘れないでほしいというのが、私の願いです。最新の保育事情、子育て支援に関する図書やニューズレター、資料等、いつでも手にとって読めるよう環境整備に努めたり、シンポジウムや研修会にできるだけ足を運んで、学び続ける姿勢をもちあうことを大切にしています。

ミニ図書館構想はじまる

子育て中は、なかなか図書館にも本屋にも行く時間がもてません。〈あい・ぽーと〉に来たときに、気軽に本を手にできるコーナーを設けることは、開設当初からの企画でした。ひろば事業や一時保育が軌道に乗ってきたところで、いよいよミニ図書館構想がスタートしています。

場所は二階の一室。元幼稚園の一教室分の広さがあります。これまで毎月、私の手元にいくつかの出版社から送られてくる育児雑誌や育児関連の本、全国の子育てグループのニュース、講演先でいただいてきた自治体の子育て支援関連の情報誌などは、かなりの量になっていました。書斎にたまっていた本なども運び込んでは、時折、学生たちの手を借りて整理をしてきていましたが、ミニ図書館となると、それでは追いつきません。毎月のニュースレター「ひだまり通信」を発行したり、〈あい・ぽーと〉関連の新聞や雑誌記事の整理にあたっているスタッフが、ミニ図書館担当となって準備をはじめたのですが、彼女もただ本や活字が好きということで、図書館運営の知識はありません。

そこで、地域の人の中で開設準備を手伝ってくれる人を募集することになりました。〈あい・ぽーと〉のホームページと司書の方たちの間で知られている情報サイトの二か所に募集の記事を掲載したところ、あっという間に七人の応募がありました。そのうちの六人は図書館司書資格をもっている女性でした。現在も司書として別の図書館で非常勤で働いていて、空き時間を〈あい・ぽーと〉のために使おうと応募してくれた方が大半でした。交通費とわずかばかりの時給で、地域の子育て支援活動のためにもっている資格を活かそうと駆けつけてくれるのは、なんとありがたいことでしょう。

こうなると、次は本集めです。補助金もありますが、限られています。私の手元の本をかき集めましたが、それも限度があります。どうしたものかと思案していたところ、強力な助っ人が現れました。いくつかの出版社や新聞社が寄贈を申し入れてくださったのです。たまたま取材を受

けていたのがミニ図書館に予定していた部屋で、〈あい・ぽーと〉のあれやこれやをお話していて、ミニ図書館構想にも話が及んだところ、思わぬ提案をいただいたのです。とくに新聞社にはたくさんの献本があって、書評がすんだ後の本の有効利用として使ってもらえればありがたいという申し出をきいたとき、思いがけないところに本の宝庫があったのだと、飛び上がるほどのうれしさでした。思えば通じるということでしょうか。

ひと鉢庭園づくり

〈あい・ぽーと〉は小さい子どもと親が集う場所ですが、地域の年配の方々もどんどん出入りをしていただくことを願っています。子どもが地域の人々に見守られながら育つ環境づくりは、とても大切です。とくに都心で、隣近所との交流をもちにくい環境では、異世代交流を意図的につくる必要もあると思います。

ひろばには少しずつシニア世代の方が出入りするようにはなってきましたが、さらに意識的な企画として準備をすすめたいと考えているのが、ひと鉢庭園づくりです。自慢のひと鉢をもち寄っていただき、さんさんと太陽が降り注ぐ庭の一隅で、鉢の手入れをしていただくというものです。その傍で、小さい子どもが戯れるというのは、なんと素敵な光景ではないでしょうか。地域のシニア世代の方からは、〈あい・ぽーと〉に足を運びたいけれど、何かできることはないですかと、時折尋ねられていました。気軽に、そして定期的に足を運んでいただくには、植物の世話は最適なテーマです。

若い親や子どもたちとの交流もはずむことでしょう。庭の緑化にもなるでしょう。一石二鳥どころか三鳥にもなる企画ですが、有機園芸の澤登先生にスタッフが相談したところ、鉢では物足りないでしょうから、プランターくらい大きいものにしてはという答えでした。

欠かせないパートナー、ボランティアの力

さて、こうしていろいろな事業を進める過程で、地域の方々が、パートナーとして、またボランティアとして、〈あい・ぽーと〉を支えてきてくださったことを、ここで声を大にしてお伝えしなくてはならないと思います。一時保育の非常勤保育者として、さまざまなイベントの時に美術や音楽を担当してくれる方、館内のインテリアや季節ごとの飾り付けに技術を発揮してくれる方、手作りおもちゃの準備や「ひだまり通信」発送事務など日々のこまごまとした業務をスタッフといっしょに支えてくれている方——ここに書ききれないほどの方々の力があって、〈あい・ぽーと〉は成り立っています。

しかも、本当にありがたいことですが、その方々は誰かの役に立てることがとてもうれしいと言ってくださるのです。一日の仕事を終えて帰るときには、すがすがしい笑顔を湛えながら、「今日も一日、ありがとうございました」と言う人が少なくありません。なんだかあべこべです。私たちスタッフが言わなくてはならない言葉を、パートナーやボランティアの方に先に言われて、あわてて頭を下げることもしばしばです。

ところで、ボランティアという名称は聞きなれていることと思いますが、「パートナー」という名称を初めて聞く方も少なくないことでしょう。類似した名称に有償ボランティアがあります。こちらはボランティアであることを理由として法律の定める最低賃金を上回らない、すなわち最低賃金以下で活動することを基本としています。一方、〈あい・ぽーと〉のパートナーたちには、ボランティア精神をベースとしながらも、その活動に対して適切な報酬(けっして十分ではありませんが)をお支払いすることを大切にしています。女性の社会参加支援を大事にするためにも、〈あい・ぽーと〉での活動が経済的自立には遠いものであっても、それに一歩でも近づく働き方ができることを目標としようとしているからです。

しかし、非常勤的に働いて下さる方々をパートナーと呼ぶ最大の理由は、スタッフとともにパートナーシップの精神で活動していただくことを願ってのことです。これは滋賀県知事の國松善次さんから教えていただいたことですが、パートナーシップとは日本語で「絆」の意味です。絆は「糸」偏に「半」と書きます。けっして太い綱ではなく糸の端を、互いに持ちあって、バランスよく引きあうことが大切で、どちらか一方が強く引きすぎると、糸はぷつんと切れてしまいます。相手の息遣いを感じながら、糸を引きあうことがパートナーシップの意義だということです。こんな意味をこめて、〈あい・ぽーと〉では非常勤スタッフの方々をパートナーと呼び、ともに〈あい・ぽーと〉を支えあっていきたいと願っています。

そして、このような子育て支援のパートナーが〈あい・ぽーと〉のなかだけではなく、地域にたくさん増えてくれることを、今後の事業展開の目標としていきたいと考えています。それが〈あい・ぽーと〉開設以来の念願である「子育て・家族支援者」の養成ですが、それがいよいよ開始しました！

10　子育て支援は、もう一つのプロジェクトX

――地域、支援者の子育て力向上を目指して

地域の子育て・家族支援と女性の社会参加支援を通して、地域の育児力の向上をめざす〈あい・ぽーと〉では、その理念を具体化する大きな柱の一つとして、「子育て・家族支援者」養成講座を二〇〇五年一月から開始しました。

子育てに向けていろいろな支援が行われていますが、今、もっとも大切な課題の一つは、子育てに悩み、戸惑いを深めている親への支援であることは、これまで繰り返し述べてきたとおりです。親が安心して暮らし、子どもとともにあることに喜びと安らぎを覚えることができるとき、子どもも幸せな時間をもてることでしょう。子どもの傍らで親は育ちます。その親子に寄り添って、地域の人々もともに育ちあえる、そんな社会をめざしたい――そうした思いを込めた事業です。

「子育て・家庭支援者」とは

地域の人々の子育て力の向上をめざそうとする企画は、〈あい・ぽーと〉開設当初から大事にあたためてきた企画です。発案者は新澤誠治先生でした。「子育て支援は一つの施設のなかに留まっていて事足りるものではない。親子を見守り、手を差し伸べる人を地域に、ポストの数ほど増やすこと、それが地域の育児力の回復につながる」という考えでした。神愛保育園園長として、また江東区の子育て支援センター〈みずべ〉の所長として、長年、地域に根ざした子育て支援の先駆的活動をしてこられた新澤先生ならではの、すばらしい発想ではないでしょうか。

当初、新澤先生が「お母さん保育士」「じいじ・ばあば保育士」という名称で提案しておられたこの構想を、「子育て・家族支援者」という名称に変えた過程には、女性の社会参加支援を、さらには企業の次世代育成支援の視点を前面に打ち出すことで、老若男女共同参画社会づくりにつなげていきたいという、私の思いがありました。

とりわけ育児を経験した女性の社会参加への一歩になるような機会と場所を提供することは、私の長年の夢でした。数年間、育児のためにブランクが空いた女性の社会参加は極めて難しいのが現状です。育児が一段落した後の自分の居場所がどこにも見つからないという切ない気持ちを、

「出口のないトンネルをさまよっているみたい」とつぶやく女性が少なくないことは、前にも紹介したとおりです。

人はよく、育児は大切で、外で働くどんな仕事に比べても勝るとも劣らない意義のある仕事だと言います。子育て経験がすばらしいと言うのであれば、そして、本当にそのとおりだと私は思いますが、そうであれば、子育ての経験を社会参加の一歩につなげていくような発想が必要ではないでしょうか。子育てが一段落した女性が、その経験をさらに磨いて、社会的活動につなげていくこと、それが経済的自立には遠くとも、リップスティック一本、雑誌一冊を、自分のお金で購入できるようになるところから、収入の確保につなげていく一歩を踏み出せるような支援を企画したい。それが、出産・育児のために仕事を辞め、社会から取り残されて行く焦りと哀しみを訴える女性たちの声に応えることだと考えてきたのです。

養成講座の概要

開設以来、一年余りの時間をかけて練ってきた養成講座ですが、その概要と特色は以下のとおりです。

▼「子育て・家族支援者」とは――ＮＰＯ法人「あい・ぽーとステーション」が開催する講座

を受講し、かつ実習を経て、資格認定を受けた後に、地域の子育て支援に活躍する人材となる人を意味します。

▼受講対象は——子育て経験のある(子育て中も含む)女性、企業の次世代育成支援の社員研修、定年後の男女など、子どもの有無にかかわらず子育て支援に関心と意欲のある人を対象とします。

▼認定は——三段階を予定しています。3級は、〈あい・ぽーと〉や他の子育てひろば等で、親子にかかわり遊びを助けたり、一時保育活動を行う人のための講座です。2級は自宅や希望家庭等で一時保育を行う人のための講座です。そして、1級は地域の施設等を利用して、グループで行う一時保育活動のリーダーとして活動する人のための講座です。

養成講座の八つの特色

〈特色①　子育て支援者の支援力の向上〉

まず、第一に支援者の支援力の向上をめざします。最近は親の教育力低下が指摘されていますが、はじめから立派な親はいないのです。親が子育てに必要な知識と態度を身につけ、親として育っていくための支援が必要であること、そのためにも、親子の傍らにたたずむ人々の力が求められているのです。もっとも、支援者の支援力と言っても、乳幼児教育や保育の専門職の能力を意味するものではありません。むしろ、社会全体で親と子を見守る時代の支援者に求められる広義の支援力を考えています。地域の支援者は生活者であり、子育て支援に関しては、素人と言ってもいいかもしれません。その生活者としての「素人性に根ざした専門性」の向上をめざしたいと考えています。具体的に講座を構成するにあたって、次のような観点を大切にしました。

(1)乳幼児保育の知識や技術(保険・安全面を含む)

とかく私たちが、若い世代の子育てを批判的にみてしまうのは、自分の育児経験を中心に考えるからです。「私たちの頃はこうだった。あんなことはしなかった」と。もちろん、子育ては文化の伝承的な要素が大きいものですから、年配世代の智恵や技術を伝えていくことは大切です。しかし、その一方で、人々の暮らしの変化にともなって、子育ての目的も方法も変わっていくものです。昔取った杵柄は通用しない面もあるのです。また自分や自分の子どもの場合には通用しても、他の親子に必ずしも当てはめることができるとは限りません。客観的で広い視野の下に、地域の子育て世代を応援していくためには、もう一度、大所高所から子育てについて、学ぶ必要があると思います。

(2)親のニーズの背後にある個別の事情を把握する力

(3)「親としてのあり方」を助言する見識

(4)カウンセリング・マインドで親に接すること

「いまどきの親は」という批判的な目で親を見ないことが子育て支援の鉄則です。批判的な目でみれば、出てくる言葉は小言にしかなりません。批判的な目で見つめる人の前で、若い親が素直に心を開くことを求めるのは無理でしょう。「いまどきの親は」という枕詞からは、心ある支援は行えないというのが、支援に際しての基本だと思います。

もっとも、そうは言っても、つい批判的に見てしまいがちなことは、誰しも、とくに年配世代にはあることでしょう。私もその例外ではなかったことは、まえにも述べたとおりです。支援の基本をはずさないために必要なこと、それは親の生活実態を丹念に見つめる眼を養うことだと思います。どうしてこんな非常識なことをするのかと思わざるを得ない親の言動の背後には、必ずそれなりの理由があるはずです。

わが子にきつい口調で当たりちらす親は、生活にさまざまなストレスがあるのかもしれません。追いつめられている親が周囲から冷たい眼差しを向けられれば、子どもにやさしく接する余地をますますなくすことでしょう。あるいは、親自身が乱暴な扱いを受けて育ってきたのかもしれません。身に染みついた習慣を脱ぎ捨てるためにも、北風と太陽のたとえのように、周囲のあたたかな眼差しと良いモデルに接していく経験が必要です。

しかしながら、親の事情やニーズのすべてを受容することが、必ずしも支援とは言えません。親や子どものためを思えばこそ、「ノー」というメッセージを発することも、支援者の義務ではないかと思います。ただし、そのときに、「この人は私のことを思って言ってくれている」と信頼して受け取ってもらえるのか、それとも「こんなに時代おくれの、息苦しいことを言われたくない」と態度をかたくなにさせしまうのか、そこには支援者の側にカウンセリング・マインドも欠かせないことでしょう。

(5)自分ができる支援とできない支援を見極め、必要に応じて専門機関に託す分別

(6)地域の支援者のネットワークに参加して連携を保つ力

そして、最後に気をつけたいのは、すべてをひとりで抱え込まないことです。熱心な人であればあるほど、そして、善意の人であればあるほど、親子の事情に共感しすぎて、ひとりで事例を抱え込みがちです。しかし、ひとりでできることには限度があります。気がついたときには、支援者自身でも身動きがとれないほどの問題を抱え込んでしまうことがよくあります。

こうした事態に陥らないためにも、自分にできることとできないことを見分ける分別が必要です。同時に、自分にはできないことを、他のだれかに、どこかに託す力が問われてくると思います。そのためにも、地域の支援者どうしの連携を保つ努力が必要です。

〔特色②　親と子を支援できる人と場所を地域に確保〕

子育て支援は一つの施設で行うだけでは十分ではありません。地域全体に支援が広くいきわたることが必要です。

港区はやや縦長の菱形のような形をしていて、〈あい・ぽーと〉はその北の端に位置しています。赤ちゃん連れで地下鉄やバスをいくつも乗り継いで来る人も少なくありません。バリアフリーな街づくりがめざされつつあるとはいえ、エスカレーターもエレベーターもない駅もまだあります。わざわざ〈あい・ぽーと〉に来ることができない人のためにも、子育て・家族支援の心を共有した人が、身近なところにいることが必要です。どこの地域にも共通して言えることですが、支援はセンターのなかで待っているだけでは、けっして十分ではないのです。

この養成講座は〈あい・ぽーと〉の支援の理念と力を備えた人が、ポストの数ほど増えることで、地域の子育て力向上につながることを願っています。

〔特色③　女性の社会参加支援の一つのステップに〕

地域の子育て支援の基本は、親子、家族のために役立ちたいというボランティア精神にあると思います。しかし、支援の活動は、心身のエネルギーも時間も要する活動です。研修を積むための経費も必要でしょう。支援者の善意とやる気を基本としつつも、無償ですますことのできない活動だと思います。また、育児のために仕事や社会的活動から遠ざかっている女性にとって、育児の経験を活かしながら、社会との接点をもつための一つのステップにすることを大切にしたいと考えています。

本講座を受講し、認定を受けた人は、ボランティア精神を基本としつつも、〈あい・ぽーと〉をはじめとした子育てひろばやそれぞれの家庭等で、有償で活動できるだけの資質を保障することをめざしています。

〔特色④　老若男女共同参画社会づくり〕

この講座は母親だけを対象としたものではありません。定年後の男性も含めて、シニア世代の受講、さらには企業の次世代育成支援のための社員研修として取り入れてもらうことも積極的に進めていきたいと考えています。

企業社会で仕事に専念して、自分の子育てライフは放棄せざるを得なかった団塊世代が、これから定年を迎えます。これまでの職業生活で培ってきた豊かな経験を、地域の子どもたちのために発揮してもらえることを願っています。

同時に、今進められている企業の次世代育成支援対策の一環として、社員研修に取り入れられれば、企業の新たな地域貢献にもなることでしょう。地域を知り、地域とともに生きる道は、商品開発や人々のニーズ把握をはじめとして、企業にもたらす益も少なくないことでしょう。何よりも子育ての苦楽を味わう時間を地域とともに積み重ねることは、社員の暮らしをより豊かにするはずです。

子育て支援にシニア世代の参画、企業の参画を得ることは、老若男女共同参画社会づくりにつながる一番の早道ではないかと考えています。

〔特色⑤　講師陣は乳幼児教育保育の専門家が担当〕

講師は、NPO法人「あい・ぽーとステーション」理事を中心に、乳幼児教育保育の研究者として、実践者として第一線で活動している専門家が担当します（詳細は、カリキュラム予定表参照）。

いずれの方も親と子のために、地域にできることは何かを真剣に考え、実行しようとしている（あるいは、すでにすばらしい実践を積んでいる）方々で、本講座の企画に賛同し、二つ返事で駆けつけてくれています。

〔特色⑥　認定者へのバックアップ体制を整備〕

支援者の養成は、自治体主催のものや民間団体主催のものなど、各地で類似のものがあります。〈あい・ぽーと〉の養成講座が他と異なる点は、講座を修了し、認定を受けた人に対して、活動の場を紹介し、活動中のさまざまな問題発生に対する相談・支援に力を注ぐ点です。

修了証書を発行したとしても、活動の場が保障されなくては、修了証書はただの紙切れにすぎません。活動の場を積み重ねて習得した知識と技術を活かし、向上させる機会の提供は不可欠でしょう。修了認定者に対して、定期的にバックアップ講座の受講を求めると同時に、資格を維持していくために、一定期間内で必要な活動量も定めていく予定です。また、実際に活動をはじめてみれば、さまざまなトラブルはつきものです。発生した問題に対処し、相談にのりながら支援する体制を充実させていきます。

〔特色⑦　港区との密接な連携のもとに運営〕

この養成講座はＮＰＯ法人「あい・ぽーとステーション」が主催する講座ですが、実施に際しては、港区の全面的な協力をいただいています。子育て支援には地域に根ざした視点が不可欠であり、基本とすべきところです。子育て推進課をはじめ、港区内の保健所や保育園から、保健士さんや園長先生などが講師として参画してくださっています。さらに、区内のすべての公立保育園が受講生の実習を受け入れてくださるほか、他の子育て支援センター等も見学実習を快く受け入れてくださっています。

この資格認定はＮＰＯ法人「あい・ぽーとステーション」が行いますが、希望者に対しては区

3級カリキュラム予定表

2005年1月19日現在

講座名	講座内容
開講式	
	港区の子育て支援について
地域における子育て支援の必要性への理解	子育ての歴史
	現代の子育て事情
保育の理解と援助	保育の実際(わらべうたなど)・〈あい・ぽーと〉の理念や施設紹介など
オリエンテーション	講座受講に際しての諸注意・3級認定について等
実習前研修	実習のこころえ・保育の実際について
子どもの身体の理解と援助	小児医学からみた発達と脳科学
	発達神経学と育児・障害児保育について
保育の理解と援助	保育所制度の変遷
乳幼児の健康・安全管理	発達に即した事故予防・スキンケア・社会的資源の利用の仕方について
保育の理解と援助	保育の基本原理
子どもの身体の理解と援助	小児医学からみた子どもの発達
	発達の臨界期・早期教育などについて
安全管理	救命救急法・事故予防
オリエンテーション	港区内での一時保育について
港区立保育園実習	
子どもの心の理解と援助	子どもの内面の理解と大人の役割
	学童期から思春期までの理解と支援
オリエンテーション	〈あい・ぽーと〉での実習について
港区立保育園実習	
保育の理解と援助	保育のこころ・子どもの遊びと遊具
多様な発達への理解と支援	発達上の遅れ，又はその傾向がある子どもへの理解と支援
保育の理解と援助	保育の実際(絵本)
家族・親への理解と援助	多様化する家族問題
子育て支援と地域理解	次世代育成支援と地域の理解
	子育て支援と地域のネットワーク
実習後指導	各自のレポート紹介・実習体験の共有・評価
閉講式	
子育て支援と地域理解	みなとほっとルーム，赤坂子ども中高生プラザの見学
あい・ぽーと実習	

2004年度子育て・家族支援者育成講座

日程	時間	コマ数	講師	所属
1/21(金)	9:00～ 9:10			
	9:10～ 9:30		益口清美	港区子育て推進課長
	9:30～10:30	1	汐見稔幸	東京大学大学院教授
	11:00～12:30	1	大日向雅美	恵泉女学園大学教授・〈あい・ぽーと〉施設長
	13:30～15:00	1	石井知子	〈あい・ぽーと〉副施設長
	15:00～15:30		大日向雅美	
1/28(金)	9:00～10:30	1	細江ヒサ子	港区立台場保育園園長
	10:45～12:15	1	小西行郎	東京女子医科大学教授
	13:00～14:30	1		
2/ 4(金)	10:00～11:30	1	遠山洋一	バオバブ保育園ちいさな家園長
	12:30～14:00	1	新井久子	みなと保健所・保健師
	14:15～15:45	1	森上史朗	子どもと保育総合研究所代表
2/18(金)	9:00～10:30	1	榊原洋一	お茶の水女子大学教授
	10:45～12:15	1		
	13:00～14:30	1	竹内栄一	東京救急協会
	14:30～15:00		大竹悦子	港区人権・男女平等参画担当課長
2/25(金)	9:30～12:30	2		
	14:00～15:30	1	森上史朗	子どもと保育総合研究所代表
	15:45～17:00	1	大日向雅美	
	17:00～17:30		櫻井薫	〈あい・ぽーと〉保育士
3/ 4(金)	9:30～12:30	2		
	14:00～15:30	1	遠山洋一	バオバブ保育園ちいさな家園長
3/11(金)	10:00～11:30	1	増井孝子	港区障害者福祉課こども療育係長
	12:30～14:00	1	中村柾子	青山学院女子短期大学非常勤講師
	14:15～15:45	1	大日向雅美	
3/18(金)	13:30～15:00	1	新澤誠治	東京家政大学教授
	15:15～16:45	1		
3/25(金)	9:00～10:30	1	細江ヒサ子	港区立台場保育園園長
	10:45～11:45			
2月中		2		港区役所
2/26～3月		3		

の認定も得られるようになっています。

そして、講座修了者が、区のさまざまな行事の一時保育者として活動できるよう、人権・男女平等参画課が窓口となって活動の場の紹介に協力をしてくれます。二〇〇五年度から、区は男女共同参画を推進するために、区が主催企画するすべての行事や委員会等に一時保育をつけることを予定しています。講座修了者は、希望すれば区の一時保育者として登録され、活動できる仕組みになっています。

ＮＰＯと区との協働による子育て支援者資格認定として、おそらく全国のモデルとなる企画ではないかと思います。

〔特色⑧　全国展開を視野に入れた企画〕

この講座はまず、港区で実験的に実施しますが、近い将来、全国展開を視野に入れて企画を練っています。支援者として全国に共通する要素を基礎としつつ、各地の独自性・特性を盛り込んだ支援者の養成を、それぞれの地域の方々と検討していきたいと考えています。

こんなに本格的なものは要らない？

企画が実行に移るまでには、当然のことながら、いろいろな壁がありました。もっとも悩ましい障壁は、「こんなに本格的なものは不要ではないか」という疑問の声でした。

まず3級からはじまるこの講座ですが、たしかにいろいろと厳しいルールを課しています。毎週、金曜日、朝九時から夕方まで、三か月間にわたって受講を義務付けています。さらに実習も加わります。しかも、認定取得のためには、全講座の受講を必要として、一回でも欠席した場合には、次回の3級講座の折に欠席回を補ってから、講座修了と認めることとしています。遅刻に関しても、二〇分以上の遅刻は欠席とみなしています。

大学の講義でもここまで厳しくはしていませんが、こうした厳しい基準を設定したのは、この講座と受講者に対する私なりの期待があるからです。カリキュラムの内容は、どの講師の話も欠くことはもったいないと思うものばかりです。また、命を預かる仕事には、誠実さがなによりの条件です。時間や約束を守ることは、信頼を得る基本だからです。

とかく女性は、とくに主婦は、自分や家庭の事情を理由にして、約束を簡単にキャンセルすると言われます。しかも、ボランティア活動ですと、自己都合を優先して、周囲に迷惑をかけることに無頓着になりがちだという問題もしばしば指摘されています。自分にできることを、無理のない形でしていくことは、行動の自発性を重んじるボランティア活動の基本ですが、自発的であればこそ、ルールや約束を守る大切さを自らに課すことも、同じくらいに大切にしなくてはならないのではないかと思います。また、有償活動として行う仕事であればなおのこと、プロフェッショナルな感覚を求めたいという思いもあって、厳しいルール設定となったのです。

どうせ専業主婦だから？

基準が厳しいと言われることは認めますが、しかし、私がどうしても納得できないのは、「受講者はおそらく専業主婦でしょう。三、四回の受講で修了できるものでないと、受講者が集まらないでしょう」「子どもをちょっと一時保育で預かるのに、そんなに本格的な学習が必要なのですか」という声でした。そう言う人は、全員が男性でした。「お母さんたちに、あまり無理な要求をしても、どうでしょうか？　家事もあって、大変でしょうから」と女性の味方に立ったような口調で言う人もいます。これが日本社会の、そして、男性たちの女性観の実態なのです!!

こういう声に接して、私はあえて、本格的な講座を企画し、実行したいという主張を貫きました。「どうせ主婦でしょうから」という声に、どれほど主婦となった女性たちが傷つけられてきたことでしょうか。また、ちょっと子どもを預かるだけというのも、子育て支援のニーズを知らない発言ではないかと思うのです。

もっとも、前にも書きましたように、地域で子育てを支えあう行為は、必ずしも乳幼児教育・

保育者に求められているような専門的な知識がなければできないというものではありません。むしろ、ボランティア精神をベースとして、親子の傍らに寄り添うようなマインドが一番必要なのです。押しつけがましくなく、批判的にならずに、親子の傍らにたたずむマインドをもつことが、実はとても難しいことなのです。さらに最近は家族の形態も多様化して、親や子が抱えている問題もそれだけ複雑になっています。親と子の傍らにいる地域の人々が、ともに生きる生活者として差し伸べる支援の手に求められる資質は、従来の専門職とは異なって、しかし、それに負けず劣らぬ資質と力量が問われているのです。

また、こうした家族や親への支援力を養うという観点は、子どもの養育に主眼を置いた乳幼児教育保育者の養成過程には欠如してきた部分でもあるでしょう。そういう意味では、この講座の内容は、保育園や幼稚園の先生方のニーズにも応えていけるものにしていく必要があると考えました。

受講者殺到

そうは言っても、やはりこれだけ受講期間も内容もハードルの高いものにして、果たして受講者が集まるのだろうかという一抹の不安があったことも事実です。ところが、いざ募集をはじめてみると、問い合わせの電話が鳴りやまず、申し込みのＦＡＸがどんどん〈あい・ぽーと〉の事務所に送られてくるではありませんか。と言っても、広報は新聞に折り込んだ区報だけでした。それなのに、定員四〇名は瞬く間に埋まってしまいました。申し込みのＦＡＸ到着がほぼ同時で、先着の順位を決められなかった一一人を含めて、五一名で締め切りということにしました。

講義だけでしたら多少、人数が増えてもかまわないのですが、問題は実習受け入れ態勢です。区に相談したところ、区内の全保育園で受け入れてくれることになって、最大五一名までお受けすることになりました。その後も問い合わせや申し込みが続きましたが、次回をお待ちいただくことになりました。

さて、どんな方々が申し込まれたのでしょうか。まず全員が女性でした。キャンセル待ちのなかに児童館職員の男性が入っていて、順番を繰り上げてでも、その男性に受講していただきたいという思いもなくはなかったのですが、養成講座の事務を担当している若いスタッフはフェア精神に満ちあふれています。清々しく働く姿を見ると、順番を狂わしてとは言い出せず、やはり順番遵守としました。

開講式前日、子どもの入院のためにやむを得ず、受講辞退者が一名出ました。早速、キャンセル待ちの男性に連絡をしたところ、もはや仕事の都合がつかないということでした。その次の女性に連絡したところ、待ちわびていたと大喜びで受講者となられたのです。こういう事例を見ても、男性が地域の活動に加わるチャンスはなかなか難しいことを考えさせられます。

さて、受講者は全員女性でしたが、年齢、受講動機、職歴、所持している資格等はさまざまです。年齢は二〇代から六〇代までと幅広く、専業主婦で、子育てが一段落し、自分の子育て経験を社会のために活かしたいと希望している人の割合が最も高いことは、当初の想定のとおりでした。また二割強が保育士や幼稚園・小学校教諭の免許をすでにもち、現在もその資格を活かした仕事についている人々です。その方々が、「子育て支援をする上で知識不足を痛感して」という理由で受講されています。

期待と課題

さて、いよいよ二〇〇五年一月二一日、開講式と初回の講座がはじまりました。九時スタートに向けて、八時にはスタッフもスタンバイ。二階のホールいっぱいに並べられた椅子と机、マイクやパワーポイント機材を見て、いよいよはじまるのだという感慨にふけったのも一瞬のことでした。八時三〇分、受付け開始も待てないかのように、続々と受講者が入ってきました。毎回の出席の確認をしやすいようにというスタッフの発案で、机にあらかじめつけておいた受講番号の席に、次々と着席する女性たちを見て、一番びっくりしたのは、「なんてきれいな方々ばかりだろう」ということでした。同じ感想をスタッフももっていましたが、これから受ける講座、そして、そこからはじまるであろう新しい自分たちの第一歩への期待と緊張感が、受講生の女性たちを輝かせていたのかもしれません。

翌日には、次のようなメールが届きました。

「第一回目の講座ありがとうございました。大きな満足感と喜びで帰路に着きました。

昨年より楽しみにしていた講座でしたが、期待に違わず先生方のお話はわかりやすく、砂漠に水がしみこむようにスーと私の内に入ってきました。（中略）

子どもの学校の保護者会では二、三時間でぐったりしてしまった私ですが、本日は欲していたもので心が満たされたためでしょうか、あっという間の一日でした。それも、先生方がおざなりではなく、熱意を込めてお話くださったお蔭と、改めて感謝申し上げます。」

朝九時にはじまり、昼休みを一時間とっただけで、午後の四時まで続いた講座を、「あっという間」と書いてくださったことに驚きました。しかし、ひとりとして居眠りをする人がいなかったことも事実です。教室の後ろから見ていても、背筋がピンとのびている姿が印象的でした。

オリエンテーションのときに、講座修了の認定のためには一回の欠席も認められないこと、また二〇分以上の遅刻は欠席とみなすことを説明しましたが、皆さん、素直にうなずいてくれました。この厳しさは、取材にきたメディア関係者には、驚きであったようです。あとで放送されたラジオ(NHK第一放送)では、アナウンサーが「たった一回の欠席も遅刻も認められないのです」と、このところを大変強調したレポートをしていました。インタビューに答えた受講生のひとりは、しかし、「たしかに厳しいなと思いました。でも、それだけ先生たちは本気なんだと思いました。厳しいけれど、やりがいを感じます」と応じていました。

その後、講座は回を重ねるごとにいっそうの盛り上がりを見せています。私は全講座を受講生といっしょに聴いて、翌日にその速報版を全講師にお送りしています。講師はそれぞれ立場も活動の場も異なりますし、出番の遅速もあります。受講生の様子や求めているものを講師が的確に把握していることが大切だからです。

さて、こうして養成講座は順調に船出をしましたが、けっして順風満帆ということばかりでは、ありません。スタッフとともに頭を抱えている課題もあります。養成講座の受講生の実習受け入れ、そして、修了者の活動の場として、〈あい・ぽーと〉がさらに大きく変身していくための苦労とでも言ったらよいでしょうか。綿密に組んだ講座を学び、受講を終えた方々が、本当に力を発揮できるようになるためには、修了後の実践を積むことは不可欠ですし、一時保育「あおば」は大切なフィールドの一つとなります。

しかしながら、前にも書きましたが、これまで〈あい・ぽーと〉の一時保育は、丁寧な保育を大事にしてきました。理由を問わずに預かることで多様な親のニーズに応えつつも、親から一時的に離れて過ごす子どもたちが楽しく過ごせるように、スタッフは心を砕いてきました。一時保育のスタッフはもちろんですが、数名のパートナーの方たちも、全員が保育士資格の保有者でやってきました。そこに、講座の受講生を実習生として、さらに認定修了後は、パートナーとしてどのように受け入れていくか、これまで大事に培ってきた保育の質を守りながらも、一方で地域の方々と互いにパートナーシップ（絆）を大切にしながら、一時保育やひろばの展開を図っていくという課題は、〈あい・ぽーと〉が真に地域に根ざした子育て・家族支援の拠点となるために乗り越えなくてはならない壁なのです。

講座の開始とともに、〈あい・ぽーと〉のスタッフの動きも、緊迫感を増しています。養成講座の事務を一手に引き受けてくれている若いスタッフは、〈あい・ぽーと〉で働くことを熱望して途中から参加した保育士ですが、「こういう講座は母親たち、女性たちにとって、一番必要とされていま す。求められています」と言います。また、事務局長の口癖は、「壁は乗り越えるためにあります」「ピンチはチャンスです」。開設以来、幾多の荒波を乗り切ってきた彼女ならではの言葉ですが、この講座が地域の子育て力の向上を目指す〈あい・ぽーと〉の事業の主柱になることをよく理解し、期待している人でもあります。二人とも小さい子どもを抱えて働くママでもあり、いくつかの仕事を経てたどり着いた〈あい・ぽーと〉に、女性の社会参加支援の思いはいっそう強まるのではないかと思います。

　こうして進むべき道に向かってまっしぐらに動きつつ、一方で子どもたちの保育環境をどのようにしたら守ることができるかと、真剣に頭を悩ます保育スタッフたちの戸惑いも、この事業が円滑に進んでいくために、なくてはならない貴重なものです。〈あい・ぽーと〉の原点とは何か、ひろばや一時保育のあり方をもう一度、見つめなおすためにも、勉強会をもちたいという提案がスタッフのなかから出されたとき、私はこの壁は乗り越えられることを確信しました。かくして、毎週月曜日、ひろばがはじまるまえの朝、九時から一〇時までの勉強会がはじまりました。一時保育のパートナーの方たちとの打ち合わせ会も頻繁にもたれるようになりました。こうして悩み、ときには率直にぶつかりあいながらも、スタッフもパートナーも、そして私も、ともに学びつつ、変わっていく。目の前に迫っている課題をまえに、「ゆっくりと急がなければ」と考えているところです。

子育て支援はもう一つのプロジェクトX

子育てとは、どういうものでしょうかとよく尋ねられます。その度に、私は「子育ては、楽苦美(ラグビー)です」とお答えしています。子育てには喜びも苦しみもあります。「楽苦しい」ものなのですと言っていた私に、「美しい」を加えたら「楽苦美《ラグビー》」になると提案してくださったのは、元ラグビー日本代表の大八木淳史さんです。母親ひとりが子育てを担うのであれば、苦しい面ばかりが強まってしまうことでしょう。でも、一つのボールを皆で追いかけるラグビーのように、皆がチームプレーの心で子どもを見守ることができたら、子育てほど喜びの多いものはないでしょう。「母親ひとりの孤独な子育て(孤育て)から、皆で支える子育ちへ」をモットーとして、親も地域の人も、皆で支え、支えられる関係を築くことができたとき、「苦楽」を乗り越えて、「美」しいときを共有できるのだと思います。

〈あい・ぽーと〉は、子育てのラグビー場になることをめざした総合的なセンターとして活動を続けていますが、私たちの願いどおりに、いろいろな人が集いはじめています。〈あい・ぽーと〉の主役は、言うまでなく、親と子です。そして、その親子とともに時間や空間を共有することに喜びを見出してくれる地域の方々、年配の方々もたくさん出入りしはじめています。子育て支援を考える研究者や支援者も、〈あい・ぽーと〉を会場にミーティングをもち、熱い議論を展開する光景が夜更けまで見られることもしばしばです。そうした人々の思いを受けながら、私たちスタッフも、ともに育っていきたいと願っています。人が集まれば集まるほど、刺激も出会いの喜びも大きなものとなるでしょう。

その反面、現場のスタッフの気苦労も大変だと思います。でも、いつも「水鳥のように」を合い言葉にして頑張っていきたいと、私は言い続けています。水面下ではどんなにもがいても、すいすいと伸びやかに泳ぐ水鳥に見習って、〈あい・ぽーと〉を訪れてくれるすべての人々に、心地良いひとときをもっていただきたいと願っているのです。

〈あい・ぽーと〉丸はようやく港から船出をしたところですが、行く手にはさまざまな難関が待ち受けていることでしょう。新しい試みをするときに常につきまとう宿命とはいうものの、「海図なき航海」に出てしまった怖さ、船を沈めてはならないという船長の責任の重さに、意気消沈する日がないといえば嘘になります。しかし、これが現場なのです。「ナマモノ」の怖さも面白さも、全部備えている現場にあって、ときにはトップダウンで物事を決めていく必要性がある一方、ボトムアップで円滑に動かしていく大切さは欠かせません。この両者のバランスをいかにとっていくのか、目下、私にとっての課題であるとともに、スタッフ、パートナーをはじめ、〈あい・ぽーと〉にかかわるすべての人に課せられた課題なのではないかと思います。

前途多難ではありますが、無事に航海を乗り越えることができたとき、それはまさしく「もう一つのプロジェクトX」になっていることでしょう。NHKの人気番組のプロジェクトXは、男たちの物語です。「男たちは、男たちは」という独特のナレーションつきの番組ですが、〈あい・ぽーと〉は、地域のすべての人の物語です。とりわけこれまでのプロジェクトXでは主役になれなかった女性が、子育て中の女性も子育てが一段落した女性も、さらにはシニア世代の人々も加わって、生活者としての力を発揮し、地域を変えていく力を発揮できるプロジェクトXなのだと思っています。そんな夢を胸に抱きつつ、これからも、大波小波に揺られる日を重ねていきたいと思います。

あとがきにかえて

本書は、子育て支援がブーム化しつつある今日にあって、真に親子に必要な支援を実現するために、支援者自らが足元を見つめ、支援のあり方を問い直す必要性を訴えたい、そんな思いで執筆したものです。

第Ⅰ部では、子育て支援、子育て支援と言いながら、親や子のもとに支援は十分には届いていないのではないか、そこには支援側の発想や視点に盲点があるのではないかという私の疑問について述べ、第Ⅱ部では、現状の子育て支援の問題の改善をめざした一つの実験場として、子育てひろば〈あい・ぽーと〉を舞台とした新たな子育て・家族支援の試みについての紹介をしました。

「なぜNPO法人が運営することになったのですか?」「NPO法人が運営するメリットは何ですか? 困難な課題はありますか?」等々の質問をよく受けます。読者のなかにも、そうした関心をおもちの方も少なくないことと思います。本来であれば初めに書くべき内容であったかもしれませんが、一年半近くの活動実績を積んで、初めてここに書くことができるようになった経緯もあります。かかわって下さった方々への感謝を込めて、これまでの経緯を書かせていただくことで、本書の結びとしたいと思います。

〈あい・ぽーと〉が開設されることとなったそもそものきっかけは、二〇〇二年一〇月に、区立幼稚園の施設と跡地を利用して、新たな子育て支援を展開する事業者を港区が一般に公募したことにはじまります。この「みなと子育てサポートハウス事業」に応募したのは、一〇事業者であったと聞きます。事業者選考のために設けられた専門家らによる選定委員会の書類選考の結果、四つの事業者にしぼられました。四事業者のうち、三者は大手の育児関連企業であり、あと一つがＮＰＯでした。最終選考に際しては、住民の意見を広く聴くことを目的として、翌年の一月に、公開プレゼンテーションの会がもたれました。公開プレゼンテーションは、真冬の一月に開催されましたが、区民一七〇名余りが会場を埋めて、関心の高さに驚かされました。

当日、私はＮＰＯのプレゼンテーターとなって、子育て支援は親支援であり、地域の育児力の回復が必要であることを訴えました。私は港区に住んで二十数年、二人の娘を港区で育て、多くの方々に支えていただいたことへの感謝と恩返しの思いを込めました。

アンケートの結果、来場者の五七パーセントが、NPOの提案を支持してくれ、それが大きな後押しとなって、港区は最終的にNPOを事業者として選定するに至りました。

けれども、選定されてから開設に至るまでの準備段階をはじめとして、活動の草創期には、いろいろな大変さがありました。一番の難題は、運営方針をめぐって、NPO内部で意見が分かれたことでした。今、振り返ってもつらい葛藤の時期がありました。

NPOが子育て支援事業を担当する意義、それは住民の声に耳を傾け、住民のニーズを細やかに拾い、住民のためにフットワーク軽く行動することにあります。こうしたNPOの活動の特性を活かすことを期待されて託された事業を展開していくためには、行政や区民の信頼関係の構築に努力する以外に道はないと言っても過言ではありません。補助金の使途に象徴される運営方針の相違から当初のNPOが事業継続を降りることとなりましたが、施設長の私をはじめとして、スタッフは一人も欠けることなく、事業を継続することができました。一時的に委託事業となる時期がありましたが、その後、新たに設立したNPO法人「あい・ぽーとステーション」のもとで運営を行い、二〇〇四年の秋には事業者選定の公開プレゼンテーションを行い、改めて事業者として選定され、活動を続けています。

とかく、行政と市民、NPOが連携して事業を行おうとするとき、文化の違いに戸惑い、それが原因で、ことがスムーズに運ばないという話を聞きます。たしかにＮＰＯと行政には異文化の面が少なくありませんが、相互の信頼関係に基づいた異文化交流であればこそ、かえって実りある成果をあげることができるということも、この間に学んだことでした。

〈あい・ぽーと〉の事業は港区の戦略事業推進室の管轄としてはじまりました。戦略事業推進室とは、なにやら聞き慣れない部署の名称ですが、三年の時限で設けられた港区独自の部署です。縦割り行政の弊害を打破することを目的として、事業分野を問わず、新しい企画を推進していくことを目標とした部署です。ＮＰＯに事業を託したことに関して、当時の戦略事業推進室長（川畑青史氏）は、「とかく安上がりにするためにＮＰＯに任せるという発想の自治体が少なくないようだが、それではうまくいかない。行政では拾えない住民ニーズが出てきており、小回りの聞くＮＰＯだからできることがある」と発言しています（「読売新聞」二〇〇四年一月二三日夕刊）。斬新な企画であっても、前例主義にとらわれずに、果敢に挑戦することができたのは、こうした区の姿勢があったからです。運営主体が途中で変更せざるを得ないという事態に際しても、こんなに区民の親子に喜ばれている施設である以上、区民のために活動は継続してほしいと言われ、さらには〈あい・ぽーと〉で働くスタッフを一時的に区の間接的な雇用者として守るよう努力したいと言っていただいたことは、忘れられません。「はじめに区民ありき」の行政の姿勢でした。

こうしたＮＰＯに対する期待と支援に応えるためにも、魅力ある企画に努力するとともに、大切な税金に基づいた補助金の使途をはじめとして運営の透明性に心がけながら信頼関係を築く必要性を痛感しました。ＮＰＯ内部の相克という壁はありましたが、壁があったからこそ、ＮＰＯのあり方、行政との連携のあり方を必死に模索することができたのだと思います。

今日まで、地域の子育て支援のために、ともに協議し、全面的な支援を惜しまずに支えてくださった港区の方々、区長、戦略事業推進室の皆様に心から御礼を申し上げます。

こうして振り返れば、わずか一年半のなかにはつらい日々もありましたが、〈あい・ぽーと〉はいつも、子どもたちの笑顔と楽しげな声に満ちていました。子どもたちの存在がどれほどの力を与えてくれたことでしょう。この子たちの笑顔を守ること、そして、その傍らにいる親の笑顔が輝くことを願って、スタッフと心を一つにしてきました。石井知子さん、林美栄子さん、萩原真路さん、伊澤陽子さん、櫻井薫さん、石井千秋さん、池田由記さん、そして、ここに一人ひとりのお名前は書ききれませんが、数多くのパートナー、ボランティアの方々に支えられて、〈あい・ぽーと〉は活動を続けてきました。

またＮＰＯ法人「あい・ぽーとステーション」の理事の方々には、この場を借りて、これまでのお力添えに深く感謝申し上げます。代表理事の東京家政大学・新澤誠治先生、東京大学大学院教授・汐見稔幸氏、子どもと保育総合研究所代表・森上史朗氏、バオバブ保育園ちいさな家園長・遠山洋一氏、東京家政大学学長片岡輝氏、恵泉女学園大学学長・大口邦雄氏、ＮＰＯ法人地域交流センター代表理事・田中栄治氏、麹町監査法人代表社員・松村正一氏です。さらに〈あい・ぽーと〉での私の活動を快く認め、支援をしてくださっている恵泉女学園大学の皆さまに心から御礼を申し上げます。

〈あい・ぽーと〉は今後もスタッフやパートナー、ボランティアの方々、そして理事の方々とともに、地域に根ざした子育て・家族支援の活動にいっそうの力を尽くしていきたいと思います。

最後に、岩波書店の愛宕裕子さんは、現場を営みながらの執筆の難しさもあって、何度となく執筆を放棄しかけた私をそのつど辛抱強く待ち、ときには愚痴を聞き、笑顔と励ましの言葉を絶えず投げかけ続けてくださった、筆者にとってかけがえのない「支援者」でした。ここに心からの感謝を表して、筆を措くこととといたします。

二〇〇五年二月早春

大日向雅美

大日向雅美

1950年，神奈川県生まれ．お茶の水女子大学卒業，同大学院修士課程修了，東京都立大学大学院博士課程修了．学術博士（お茶の水女子大学）．専門は，発達心理学・ジェンダー論．

現在，恵泉女学園大学大学院教授，子育てひろば〈あい・ぽーと〉施設長．東京都知事参与（1997〜99年），文部科学省「今後の家庭教育支援の充実についての懇談会」座長，厚生労働省「社会保障審議会児童部会」委員，内閣府「少子化社会対策大綱検討会」委員などを歴任．エイボン教育賞受賞．

主な著書に，『母性の研究』（川島書店），『子育てと出会うとき』（NHKブックス），『母性愛神話の罠』（日本評論社），『子育てママのSOS』（法研），『子育てがつらくなったとき読む本』（PHP研究所），『母性愛神話とのたたかい』（草土文化）など多数．


「子育て支援が親をダメにする」なんて言わせない

2005年3月16日　第1刷発行
2005年6月 6 日　第2刷発行

著　者　大《おお》日《ひ》向《なた》雅《まさ》美《み》

発行者　山口昭男

発行所　株式会社　岩波書店
〒101-8002 東京都千代田区一ツ橋2-5-5
電　話　案内 03-5210-4000
http://www.iwanami.co.jp/

印刷・三陽社　カバー印刷・NPC　製本・中永製本

ISBN 4-00-022850-1　　Printed in Japan